Sonja Silberhorn

111 Orte in und um Amberg, die man gesehen haben muss

111

emons:

Bibliografische Information der Deutschen Nationalbibliothek
Die Deutsche Nationalbibliothek verzeichnet diese Publikation in der Deutschen Nationalbibliografie; detaillierte bibliografische Daten sind im Internet über http://dnb.d-nb.e abrufbar.

MIX
Papier aus verantwortungsvollen Quellen
FSC® C043106

Gestaltung: Eva Kraskes, nach einem
Konzept von Lübbeke | Naumann | Thoben
Kartografie: altancicek.design, www.altancicek.de
Kartenbasisinformationen aus Openstreetmap,
© OpenStreetMap-Mitwirkende, ODbL
Druck und Bindung: Grafisches Centrum Cuno, Calbe
Printed in Germany 2022
ISBN 978-3-7408-1463-2

Vorwort

»Warum in die Ferne schweifen? Sieh, das Gute liegt so nah.« Dieser Gedanke kommt unweigerlich auf, wenn man als Regensburgerin die Region um Amberg erkundet. Es fällt hier leicht, sich zu verlieben, in die ebenso malerischen wie spannenden Landschaften vom Naturpark Hirschwald bis hin zur Hersbrucker Alb, in die zahlreichen Marktflecken und Städtchen, mal beschaulich, mal belebt, in die Mentalität der Menschen, die hier zu Hause sind und ihren ganz eigenen Stil zwischen bayerischer Bodenständigkeit, herzlicher Offenheit und einfallsreicher Tatkraft pflegen, schließlich in die schöne mittelalterliche Stadt Amberg selbst, die die Tradition bewahrt und trotzdem Wert darauf legt, jung und zukunftsfähig zu bleiben.

Es sind die Widersprüche, die anziehen, und die vielfältigen Möglichkeiten, die die Natur, die Kultur, die rührigen Bewohner der Region und die Geschichte hier bereithalten. Jede Menge spannende Entdeckungen, Erlebnisse und Hintergrundgeschichten haben meine Arbeit an diesem Buch begleitet, aber auch Ruhe habe ich gefunden, stille Momente, in denen allein die Verbindung zur umgebenden Natur alle Sinne erfüllt. Wer sich darauf einlässt, die Region entlang der nachfolgenden 111 Eckpfeiler zu erkunden, zu erwandern und (mit dem Rad) zu er-fahren, der wird schnell feststellen, dass sie den bekannteren bayerischen Reisezielen nur in einer Sache nachsteht: der Fülle an Touristen.

Es ist vermutlich nicht zu übersehen: Ich habe mein Herz verloren. Mit der nachfolgenden Entdeckungsreise lade ich Sie ein, es mir gleichzutun!

111 Orte

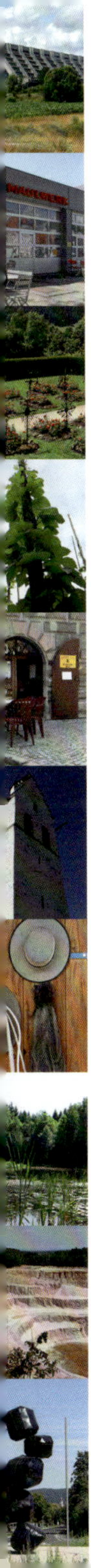

1 Die Amberger Draue

Kuscheln mit Köpfchen

Im Jahr 1329, besiegelt durch den Hausvertrag von Pavia, fiel Amberg der Pfälzer Linie der Wittelsbacher Dynastie zu. Zwar profitierte die Stadt davon durchaus, weil die Pfälzer Kurfürsten sie zum Zentrum der vom Hauptsitz Heidelberg aus gesehen »heroberen Pfalz«, der späteren Oberpfalz also, machten und sie entsprechend förderten, und doch: Der Widerspruchsgeist der Amberger Bürger ließ sich nicht völlig eindämmen und gipfelte immer wieder in mehr oder minder heftigen Auseinandersetzungen.

Ein besonders blutiger Konflikt ging als »Amberger Aufruhr« in die Geschichte ein: Friedrich I. von der Pfalz, auch »der Siegreiche« genannt, regierte nach dem Tod seines Bruders, des bisherigen Kurfürsten Ludwig IV., ab 1449 zunächst als Vormund seines erst einjährigen Neffen Philipp. Die plötzliche Macht scheint ihm außerordentlich gut geschmeckt zu haben, denn er verzichtete auf eine Heirat, adoptierte seinen Neffen 1451 und leitete daraus nun seinen legitimen Herrschaftsanspruch ab. Doch nicht nur der Kaiser verweigerte ihm die Zustimmung zu diesem Vorgehen, auch die Amberger Bürger erkannten seine Herrschaft nicht an. Der Streit eskalierte, als Friedrich 1454 die Stadt mit großem Militäraufgebot besetzte und die Rädelsführer des Aufstands zum Tode verurteilen ließ. Drei von ihnen wurden auf dem Marktplatz enthauptet, woran noch heute eine Bodenplatte vor dem Rathaus erinnert.

Die steinerne Skulptur der Köpfe genau dieser drei rebellischen Bürger, die sogenannte Amberger Draue, ist in der Fronfestgasse zu besichtigen. Wer den Rebellen (und damit ihrem Mut zum Widerstand?) huldigt und über ihre Köpfe streichelt, so heißt es, bleibt den Ambergern treu und wird die Stadt wieder besuchen. Alle, die sich in die schöne Stadt an der Vils verlieben, sollten also unbedingt mit diesen drei leider körperlosen Gesellen auf Kuschelkurs gehen …

Adresse Fronfestgasse 30, 92224 Amberg (keine Parkmöglichkeit!) | **Anfahrt** A 6, Ausfahrt Amberg-West, B 299 nach Amberg, dort rechts Richtung A 93 auf B 85 / Nürnberger Straße, links auf Kaiser-Wilhelm-Ring, links auf Sulzbacher Straße, auf dem öffentlichen Parkplatz (kostenpflichtig) parken, zu Fuß Richtung Altstadt, links in die Fronfestgasse | **Tipp** Juwel des Rokoko: Nur wenige Gehminuten entfernt befindet sich die Schulkirche, die im Inneren eine überbordende Pracht zur Schau stellt und zu den bedeutendsten Rokokokirchen Deutschlands zählt (Deutsche Schulgasse 2).

2 Das Atelier Teufelsbäck

Kein Grund zu fluchen

Diese Bar steht im Zeichen Beelzebubs, dafür sorgt schon die Sage, die sich um den Teufelsbäck rankt: Michael Wirth, ansässiger Weißbäcker im Jahr 1821, hatte ihr zufolge keine Scheu, jeglichem Unmut mit drastischen Flüchen Ausdruck zu verleihen. So auch an jenem Tag, an dem das Feuer in der Backstube nicht hoch genug lodern wollte und er in wildem Jähzorn unter anderem den Teufel anrief. Als die Tür aufsprang und der Bäcker durch den wabernden Mehldunst zwei Hörner entdeckte, flüchtete er sich zutiefst erschrocken aus der Backstube in die rettenden Arme seiner Frau … Die wiederum an den Worten ihres verstörten Gatten zweifelte, in der Backstube nach dem Rechten sah und dort zu ihrer Erheiterung auf einen Ziegenbock traf. Der Spitzname »Teufelsbäck« war geboren und überdauerte die Zeit, auch die spätere Gaststätte in der nahe gelegenen Ziegelgasse, wo sich die Backstube ursprünglich befand, wurde so benannt.

Ob nun Mythos oder Wahrheit: Der Teufel dominiert durchaus das kulinarische Angebot (einen Teufelsburger bekommen Sie nur hier!), und die gehörnte Dame auf dem Tresen wacht – zugegeben, eher gedankenverloren – über das Geschehen. Das Bedürfnis, wild zu fluchen, dürfte aber in der charmanten Bar, mit der sich das zugehörige Hotel Brunner ein Schmuckkästchen mit besonderem Flair geschaffen hat, sogar dem zornigsten Charakter abhandenkommen: Dafür sorgen nicht nur teuflisch gute Cocktails, edle Tropfen und eine feine Snack-Auswahl, sondern auch das zugleich heimelige und stilvolle Interieur, die zahlreichen liebevollen Details und die sehenswerten Werke örtlicher Künstler.

Und wenn dann noch der Wettergott nach draußen in den idyllischen Biergarten lockt, wo der Pandemiegott sich zurückhält und die Livemusiker ihren Job machen lässt, stellt man wohl unweigerlich fest: Zum Teufel noch mal, hier lässt es sich aushalten!

Adresse Batteriegasse 1, 92224 Amberg | **Anfahrt** A 6, Ausfahrt Amberg-West, B 299 nach Amberg, dort rechts Richtung A 93 auf B 85 / Nürnberger Straße, links auf Kaiser-Wilhelm-Ring, weiter auf Pfalzgrafenring und Kaiser-Ludwig-Ring, am Bahnhof rechts in Tiefgarage (kostenpflichtig), parken und zu Fuß Richtung Altstadt, gleich wieder rechts in die Batteriegasse | **Öffnungszeiten** Mo – Sa 17 – 24 Uhr | **Tipp** Von Bürgern für Bürger: Neben der Tiefgarage befindet sich der Multifunktionsplatz mit seiner begehbaren Bürgerkugel, deren zahlreiche Bronzeplatten von professionellen Künstlern und interessierten Hobby-Künstlern aus der Region gestaltet wurden.

3 Die Batteriegasse

Der charmanteste Umweg der Stadt

Manchmal lohnt es sich, die altbekannten und stark frequentierten Direktverbindungen links liegen zu lassen, um Sehenswertes zu entdecken, selbst wenn das den Fußweg verlängert. Im Falle der Batteriegasse beträgt dieser Umweg aufgrund ihrer recht überschaubaren Länge kaum mehr als ein paar Meter, doch die haben es in sich; vor allem auf dem schmalen Teilstück zwischen dem Auftreffen auf die Ziegelgasse und der Abzweigung zum Batteriesteig gibt es einige Entdeckungen zu machen.

Zunächst ist natürlich die denkmalgeschützte Bebauung der Gasse beachtenswert: Sie gehört zur Stadtbefestigung aus dem 14. Jahrhundert, weshalb hier Teile der alten Stadt- und Zwingermauer in die Wohnhäuser integriert sind (also unbedingt auch von außerhalb – vom Stadtgraben aus – betrachten!). Das historische Prunkstück der Gasse ist der sogenannte Lehmeier- oder auch Henkerturm, Hausnummer 22, der heute eine moderne Ferienwohnung beherbergt und seinen Gästen eine Übernachtung im ehemaligen Wachturm ermöglicht. Apropos Henker: Die Bezeichnung kommt nicht von ungefähr, einer – zwischenzeitlich widerlegten – Legende zufolge soll der Turm um das Jahr 1629 kurzzeitig Heimstatt des Amberger Scharfrichters gewesen sein. Tatsächlich belegt ist hingegen, dass der Henker in einem der umliegenden Wohnhäuser gelebt hat, im wahrsten Wortsinn also am damaligen Rande der Gesellschaft, weshalb die kleine Erhöhung der Batteriegasse auch heute noch Henkerbergl genannt wird.

Zusätzlich zur reichen Historie verfügt die enge Gasse gerade in den heißen Sommermonaten über reichlich mediterranes Flair, und auch die Bewohner dieses sehenswerten Fleckchens Altstadt tun alles, um den Charme der Batteriegasse zu erhöhen: Zahlreiche kleine und größere Kunstwerke zeugen von Einfallsreichtum und historischem Bewusstsein gleichermaßen. Es erwarten Sie finstere und lustige Gestalten!

Adresse Batteriegasse, 92224 Amberg (keine Parkmöglichkeit!) | Anfahrt A 6, Ausfahrt Amberg-West, B 299 nach Amberg, dort rechts Richtung A 93 auf B 85 / Nürnberger Straße, links auf Kaiser-Wilhelm-Ring, weiter auf Pfalzgrafenring, nach Pfalzgrafenbrücke rechts zur Parkgarage am Ziegeltor (kostenpflichtig), zu Fuß durch das Ziegeltor in die Ziegelgasse, links in Batteriegasse | Tipp Prämierter Biergarten: So ein Umweg will belohnt sein, zum Beispiel mit einem Besuch des nahe gelegenen Winklerbräu, dessen Biergarten 2020 von oberpfalz.de zum schönsten der – logisch – Oberpfalz gewählt wurde (Untere Nabburger Straße 34, geöffnet Di – So 11 – 23 Uhr).

4 Die Baumgigantin

Umarmen schlicht unmöglich

Der Baum an sich boomt, und das nicht erst, seit Deutschlands prominentester Förster Peter Wohlleben ihn populär gemacht hat. In Zeiten des immer bedrohlicher werdenden Klimawandels ist die Bedeutung der Bäume als Lungenbläschen der »grünen Weltlunge« schon seit Jahren im Bewusstsein der meisten angekommen, und mit der Coronakrise dürfte sich die Zahl derer, die ihrer Liebe zur Natur – und damit in Deutschland einhergehend zum Wald – frönen, noch einmal drastisch erhöht haben.

Ein ganz besonderes Exemplar findet man am Rande des ehemaligen LGS-Geländes auf einer kleinen Erhöhung, dem sogenannten Schanzhübl, der auf eine reiche Geschichte als ehemaliger Standort einer Burg, heiß umkämpftes Terrain im 16. Jahrhundert sowie frühere Gerichtsstätte zurückblicken kann.

Das genaue Alter der mächtigen Linde auf dem Hügel, deren Gattung in der Mythologie seit jeher das Attribut der Weiblichkeit zugeschrieben wird, lässt sich zwar leider nicht feststellen, sie ist allerdings eine so hochbetagte Vertreterin ihrer Art, dass sie bereits im Jahr 1853 auffällig genug war, um im Urkataster Erwähnung zu finden. Ohnehin spricht ihre schiere Größe für sich, und so verwundert es auch kein bisschen, dass das anfangs noch recht deutlich wahrgenommene Verkehrsrauschen der nahe gelegenen Drahthammerstraße zunehmend in den Hintergrund gerät, je mehr man sich auf die Präsenz des geschichtsträchtigen Baumes einlässt.

Freilich, umarmen lässt sich das Naturdenkmal, mutmaßlich einer der ältesten Bäume Ambergs, nicht: Um den mächtigen Stamm mit seinen über vier Metern Umfang zu umfassen, sind drei Personen vonnöten. (Bei entsprechender Vorliebe ist aber immerhin ein Ankuscheln jederzeit möglich!) Doch auch wer auf Vollkontakt mit der alten Lindendame keinen Wert legt, wird sich der mystischen Atmosphäre unter ihrer wahrhaft majestätischen Krone kaum entziehen können.

Adresse zwischen Drahthammerstraße 28 und 30, 92224 Amberg (keine Parkmöglichkeit!) | **Anfahrt** A 6, Ausfahrt Amberg-Ost, B 85 nach Amberg, dort links auf Barbarastraße, im Kreisverkehr 1. Ausfahrt auf Leopoldstraße, geradeaus bis Bruno-Hofer-Straße, nach 400 Metern rechts auf Dultplatz, parken und zu Fuß zurück, dann rechts auf Drahthammerstraße | **Tipp** Sonnenterrasse: In unmittelbarer Nähe befindet sich die zauberhafte Terrasse des Hotelrestaurants »Drahthammer Schlößl« (Drahthammerstraße 30) mit Blick ins Grüne (geöffnet Di–Sa 7–23 und So 7–18 Uhr).

5 Der Dirtpark

Mit Schwung zum Sprung

Mit Freizeiteinrichtungen für Junge und Junggebliebene ist es ja oft so eine Sache: Von den Entscheidern gerne auf die lange Bank geschoben, von den Begünstigten dann nicht genug geschätzt, lässt sich Unmut in diesem Bereich häufig kaum vermeiden.

Dass es auch anders geht, zeigt der im Jahr 2020 reaktivierte Amberger Dirtpark, der nicht nur den Mountainbikerinnen und -bikern die Möglichkeit verschafft, ihrem halsbrecherischen Hobby nachzugehen, sondern auch beim Zuschauen jede Menge Nervenkitzel bietet. Dafür sorgt neben den üblichen Erdhügeln und kleineren Rampen auch eine ziemlich beeindruckende Konstruktion, die den gesamten Dirtpark überstrahlt: ein auf einem Hügel positionierter Holzturm mit einer besonders steilen, 7,25 Meter langen Startrampe, die den Mädels und Jungs den benötigten Schwung für ihre waghalsigen Sprünge verleiht. Gebaut wurde das Konstrukt von einer diesbezüglich erfahrenen Firma aus Innsbruck, ansonsten aber haben sich die Biker, zusätzlich zur Förderung durch die Stadt, auch im großen Stil selbst eingebracht, und zwar sowohl planerisch als auch durch tatkräftiges Zupacken. Das, was hier entstanden ist, entspricht also den eigenen Vorstellungen der Nutzer und bietet für Biker jeden Niveaus und Mut-Levels etwas, vom vorsichtigen Anfänger bis zum abgezockten Könner – was wiederum der Grund dafür ist, dass der Dirtpark, hauptsächlich an den Wochenenden bei gutem Wetter, rege genutzt wird. Für die Holzrampe und den nachfolgenden großen Sprung muss es aber aus Sicherheitsgründen wirklich trocken sein.

Der Dirtpark ist frei zugänglich, die Nutzung erfolgt auf eigene Gefahr und ist ab einem Alter von acht Jahren erlaubt, es besteht Helmpflicht. Den vorsichtigeren Lesern kann ich aus eigener Erfahrung versichern: Allein das Zusehen hat einen hohen Unterhaltungswert, beeindrucktes Nach-Luft-Schnappen inklusive.

Adresse Nähe Dultplatz/Am Schanzl 11, 92224 Amberg | Anfahrt A 6, Ausfahrt Amberg-Ost, B 85 nach Amberg, dort links auf Barbarastraße, im Kreisverkehr 1. Ausfahrt auf Leopoldstraße, geradeaus bis Bruno-Hofer-Straße, nach 400 Metern rechts auf Dultplatz, parken und zu Fuß zurück auf Bruno-Hofer-Straße, dort links, dann wieder links in den Park, Dirtpark nach 150 Metern links | Tipp LGS-Gelände: Der Dirtpark liegt auf dem Gelände der ehemaligen Landesgartenschau, durch das ein sehenswerter, 3,5 Kilometer langer Skulpturenweg von der Stadtbrille bis zu den südlichsten Ausläufern des Geländes führt.

6 Die Drehscheibe

Neues Leben für das alte Bahnbetriebswerk

Es ist ein ehrgeiziges Projekt, das sich der Amberger Kaolinbahn e. V. auf die Fahnen geschrieben hat, zumal es in Eigenleistung und durch Spenden gestemmt werden soll: Als 2010 die Arbeit am ehemaligen Bahnbetriebswerk begann, fand der Verein Schutt und Geröll vor, teileingestürzte Gebäude, die Drehscheibe lag unter wucherndem Gestrüpp verborgen. Heute sieht man dem Areal die Tatkraft des Vereins an: Der Lokschuppen ist saniert und bietet dem kleinen Fuhrpark ein witterungsunabhängiges Zuhause, die Gleise zwischen Schuppen und Drehscheibe sind gelegt, die Drehscheibe selbst, das Herzstück des Geländes, ist seit Ende 2013 wieder funktionstüchtig, und auch das zugehörige Wärterhaus wurde wieder aufgebaut. Ganz einfach also, angesichts des sich bietenden Anblicks in alte Zeiten zurückzureisen.

Als 1910 die dritte Amberger Nebenbahnlinie nach Schmidmühlen eröffnet wurde, platzte das Bahnhofsareal aus allen Nähten, eine Ausweichmöglichkeit für die Lokomotiven musste her – und wurde schließlich am Galgenbergweg gefunden. Von 1918 bis 1923 wurde das Betriebswerk erbaut, die ursprünglich kleinere Drehscheibe ersetzte man 1940 durch die jetzige mit einem Durchmesser von 23 Metern und einer Tragkraft von 168 Tonnen, um auch die schweren Güterzuglokomotiven der Montanindustrie wenden zu können.

1975 wurde der Dampfbetrieb jedoch eingestellt, das Areal diente nur noch als Abstellmöglichkeit für Dieselfahrzeuge und Busse, bevor es für rund ein Jahrzehnt in Dämmerschlaf versetzt wurde – bis der Verein ihn beendete und das historische Juwel wieder zum Leben erweckte. Der Weg ist noch lang: Entstehen soll hier letztlich ein Industrie- und Lokalbahnmuseum. Angesichts der bisherigen Fortschritte auf dem immer gut einsehbaren, anlässlich Festlichkeiten auch zugänglichen Areal hat man keine Zweifel, dass diese Pläne eines Tages vollendet werden.

Adresse Galgenbergweg 1, 92224 Amberg, www.amberger-kaolinbahn.de | Anfahrt A 6, Ausfahrt Amberg-West, nach Amberg, dort vor der Überquerung der Bahngleise rechts auf Bayreuther Straße, links auf Pfalzgrafenring, nach 170 Metern links auf Steingutstraße und gleich wieder links (Beschilderung Galgenbergweg 1) | Tipp Stadtwald: Ganz in der Nähe liegt mit dem »Pumperhölzl« ein idyllisches Naherholungsgebiet (Nähe »s'Wirtshaus im Amberger Garten«, Bayreuther Straße 20).

7 Das eherne Kirwapaar

Im Tanz konserviert

Die »Kirwa« (Kirchweih) ist der Dauerbrenner des Oberpfälzer Festjahres, und mit dem Amberg-Sulzbacher Land hat man auch die Hochburg der Kirwakultur gefunden. Das »Land der 100 Kirwafeste« (genau genommen sogar über 120) pflegt diese Tradition und ihre Rituale mit Hingabe: Vom Aufstellen des Kirwabaums und der zugehörigen Wache, um den festlich geschmückten Baum vor Übergriffen zu schützen, über den Gottesdienst bis zum Austanzen des Baumes, selbstverständlich in Tracht. Unbedingt erwähnenswert – schon allein weil unklar ist, ob diese Tradition die Coronakrise überstehen wird – ist auch das gemeinschaftliche Trinken aus dem steinernen Bierkrug, der sogenannten »Kirwaliesl«. Die Gefahr, sich dabei die ebenfalls fast schon traditionell zu nennende Nach-Kirwa-Bebbn (Herpesbläschen) einzuhandeln, dürfte die wenigsten Feierlustigen bisher abgeschreckt haben.

Ursprünglich wurde das Fest zum Weihetag der Dorfkirche gefeiert, aber natürlich spielten bei der Terminvergabe auch praktische Aspekte eine Rolle. Schließlich wollte man neben der eigenen Kirwa auch die Kirwa der umliegenden Dörfer feiern – nicht nur, aber auch, weil sich die Rahmenprogramme von Dorf zu Dorf unterscheiden.

So verwundert es nicht, dass sich der Landkreis mit der Kirwakultur für den Titel »Immaterielles Kulturerbe der UNESCO« bewerben möchte.

Ein sehenswertes Denkmal wurde der Tradition bereits gesetzt: Der Amberger Künstler Harald Bäumler schuf die Bronzeplastik des »ehernen Kirwapaares«, das seit 2007 im Innenhof des Landratsamtes das Tanzbein schwingt, gestiftet von Persönlichkeiten und Institutionen der Region sowie von den Kirwamoidln und -burschen zahlreicher Orte des Landkreises. Freilich, den Besuch einer »echten« Kirwa mit all ihrer Oberpfälzer Lebenslust ersetzt die Besichtigung der Skulptur nicht. Aber sie ist zumindest ein ziemlich guter Anfang.

Adresse Schloßgraben 3, 92224 Amberg (keine Parkmöglichkeit!) | Anfahrt A 6, Ausfahrt Amberg-Ost, B 85 nach Amberg, dort im Kreisverkehr 2. Ausfahrt (Richtung B 85/Kurfürstenbad) auf Kurfürstenring, links auf Carl-Schultze-Platz/Schießstätteweg, parken (kostenpflichtig), am Kurfürstenring links, bei Stadtbrille rechts, Skulptur im Innenhof des Landratsamtes | Tipp Hexenbrunnen: Vor dem Kurfürstenbad befindet sich der kunstvoll gestaltete, nach der im Jahr 1655 in Amberg als »Hexe« verbrannten Ursula Zanner benannte Zanner-Brunnen, der auch Teil des Amberger Skulpturenwegs ist.

8 Der Esel an der Hauswand

Storys um den »Eselsbeck«

Um dieses Relief aus dem 16. Jahrhundert, das sich an einem Eckhaus im Herzen der Stadt befindet, ranken sich gleich mehrere Geschichten, wie so oft aber gehören die unterhaltsamsten ins Reich der Mythen. Da gibt es die eines jungen Mannes, der sich in die Tochter des im Haus ansässigen Bäckermeisters verliebte. Zu gerne wollte er der Angebeteten einen nächtlichen Besuch abstatten, weshalb er sich im Vorfeld ausgiebig Mut antrank. Leider verschlechterte das aber seinen Orientierungssinn, statt im Zimmer der jungen Frau landete er in des Bäckermeisters Eselstall. Trotzdem, so die Sage, gab es ein Happy End, und der junge Mann ließ aus Dankbarkeit darüber das Relief anbringen. Romantisch, zweifellos, auch wenn sich der Wahrheitsgehalt der Geschichte darauf beschränkt, dass das Anwesen tatsächlich sehr lange Zeit in Bäckerhand war.

Eine weitere Geschichte besagt, dass den Eseln, die beim Bau der nahe gelegenen Basilika St. Martin eingesetzt wurden, mit dem Relief Tribut gezollt werden sollte. Tierfreundlich und löblich, aber auch sie entspricht nicht der Wahrheit.

Stattdessen erklärt sich der Esel durch eine Gepflogenheit, die vor allem im ländlichen Raum eine Rolle spielt: die des Hausnamens. Einmal vergeben, kann dieser kaum wieder abgelegt werden, so oft die Bewohner des Anwesens auch wechseln mögen. Im 16. Jahrhundert, als ein Herr Philipp Schmidt das Haus vom damaligen Eigentümer Glasermeister Esenbeck erwarb, wurde der Name des alten Eigentümers in leicht abgewandelter Form zum Hausnamen. Das belegt auch die Geschichte um Hans Koller, dem das Haus im Jahr 1653 gehörte: Wegen einer wilden Rauferei musste er vor Gericht erscheinen, wo er nachweislich als »Eselsbeck« bezeichnet wurde.

Falls Ihnen nun die Geschichte um den Jüngling im Eselstall besser gefallen hat: Erzählen kann man sie ja trotzdem, bevor man das Mysterium aufklärt.

Adresse Waisenhausgasse 1, 92224 Amberg (keine Parkmöglichkeit!) | Anfahrt A 6, Ausfahrt Amberg-Ost, B 85 nach Amberg, dort im Kreisverkehr 2. Ausfahrt (Richtung B 85/Kurfürstenbad) auf Kurfürstenring, links auf Carl-Schultze-Platz/Schießstätteweg, parken (kostenpflichtig), zurück zum Kurfürstenring und über Basteisteg auf Baustadelgasse, rechts auf Zeughausstraße, links auf Unteres Apothekergäßchen, links in Waisenhausgasse | Tipp Mäusejagd: Auf dem nahe gelegenen Marktplatz befindet sich der Hochzeitsbrunnen, der die im Jahr 1474 stattgefundene Amberger Hochzeit darstellt. Finden Sie die drei an der Skulptur versteckten Mäuse?

9 Das Europa-Café

Wo klein ganz groß(artig) ist!

Ganz einig ist sich die Presse nicht: Die einen berichten vom kleinsten Café Europas, die anderen relativ bescheiden vom kleinsten Café Ambergs. Und dass sich die Betreiber eines Cafés in Norddeutschland mit ein paar Quadratdezimetern weniger rühmen, ist ebenfalls nachzulesen. Festhalten kann man aber eines: Mit seinen 8,75 Quadratmetern ist das Europa-Café außerordentlich klein, und Martha Karow, die das Café in den 1990er Jahren übernommen hat, kommt es ohnehin nicht auf Rekorde an (obwohl der Eintrag ins Guinnessbuch der Rekorde unter ihrer Vorgängerin zumindest erwähnt werden sollte). Wohlfühlen soll man sich bei ihr, und das tut man auch ab dem Moment, in dem man sich niederlässt, sei es nun auf einem der vier Sitzplätze im Innenbereich, der sich – allein das schon eine Schau – im Erdgeschoss eines Stadttors aus dem 14. Jahrhundert befindet, oder doch auf dem Freisitz, zweifellos einem von Ambergs schönsten, mit Blick auf besagtes Vilstor und die Stadtmauer. Ach was, wohl. Sauwohl fühlt man sich hier und mehr als willkommen, ob man nun zu den Stammgästen zählt, die zum Schafkopf zusammenkommen, ihrer Vereinstätigkeit beim »Stammkriaglclub« (für Nicht-Bayern: »Kriagl« ist ein Bierkrug, als Clubmitglied hat man also Anspruch auf sein angestammtes Trinkgefäß) nachgehen oder einfach auf eine Halbe Bier »bei der Martha« vorbeischauen, oder als Ortsfremder, der sich angesichts der Herzlichkeit der Wirtin wohl die längste Zeit fremd gefühlt haben dürfte. Ihre Arbeit liegt ihr im Blut, das spürt man bei jedem servierten Getränk und jedem Wortwechsel.

Speisen werden im Europa-Café übrigens nicht angeboten, für eine Küche fehlt schlichtweg der Platz. Der Verzehr mitgebrachter Speisen ist allerdings erlaubt, und dazu wird im Europa-Café vor allem eines serviert: gemütlichste Oberpfälzer Lebensart satt.

Manchmal sind die kleinen Dinge halt doch die größten!

Adresse Jesuitenfahrt 6, 92224 Amberg (keine Parkmöglichkeit!) | Anfahrt A 6, Ausfahrt Amberg-West, B 299 nach Amberg, dort rechts Richtung A 93 auf B 85/Nürnberger Straße, links auf Kaiser-Wilhelm-Ring, links auf Sulzbacher Straße, auf dem öffentlichen Parkplatz (kostenpflichtig) parken, zu Fuß Richtung Altstadt, Europa-Café rechts im Stadttor | Öffnungszeiten Frühjahr bis Herbst Do–Di ab 11 Uhr, Mi Ruhetag; im Winter Mo–Fr ab 11 Uhr | Tipp Stadt der Rekorde? Nur knapp 300 Meter entfernt, in der Seminargasse 8, befindet sich mit dem »Eh'häusl« das nur zweieinhalb Meter breite, laut Betreiberangaben kleinste Hotel der Welt.

10 Die Frauenkirche

Dem Untergang geweiht?

Falls Ihr Herz für die morbide Schönheit des Verfalls schlägt und Sie zudem eine im Oberpfälzer Raum durchaus (noch) seltene Entwicklung zu Gesicht bekommen wollen, werden Sie inmitten der engen Amberger Altstadtgassen fündig: Dort, wo bis ins späte 14. Jahrhundert die Synagoge der hiesigen Juden stand, erbaute man nach deren Vertreibung und dem Abriss ihres Gotteshauses zu Beginn des 15. Jahrhunderts eine Marienkirche, gestaltet als dreischiffige, spätgotische Hallenkirche, die Ende des 16. Jahrhunderts sogar zur Hofkapelle des Kurfürsten avancierte.

Die folgende Geschichte der Frauenkirche gestaltete sich wechselvoll: Nach der nahezu vollständigen Zerstörung des Innenraums während der Glaubenskriege wurde sie 1864 wieder im neugotischen Stil ausgestattet. Zuletzt, bis in die 1950er Jahre, nutzten ortsansässige Ungarn sie für ihre Festivitäten, seither fristet sie allerdings, abgesehen von den über die Jahrzehnte notwendig gewordenen Notsicherungen, ein weitgehend unbeachtetes Dasein. Auch wenn sich solche Fälle im vorwiegend katholischen Bayern noch in Grenzen halten: In Zeiten schwindender Kirchenmitgliederzahlen sinkt der Bedarf an Gotteshäusern, das bekommt auch die Frauenkirche schmerzlich zu spüren. Eine umfangreiche Sanierung ist der zuständigen Kirchenstiftung St. Martin aus Kostengründen unmöglich.

Dabei ist die Kirche, von außen mittlerweile sichtlich mitgenommen, zum einen für ihre hervorragende Akustik hochgelobt, zum anderen im Inneren von einer klaren, unbedingt sehenswerten Schönheit – wovon man sich allerdings nur bei seltenen Gelegenheiten überzeugen kann, im Jahr 2021 zum Beispiel anlässlich der Ausstellung eines Projekts von Architekturstudenten zur Umnutzung dieses sakralen Schmuckstücks. Immer wieder gibt es Vorstöße, die Kirche einer neuen Nutzung zuzuführen und im Zuge dessen eine Sanierung zu ermöglichen, bislang leider vergeblich.

Adresse Frauenplatz 8, 92224 Amberg | **Anfahrt** A 6, Ausfahrt Amberg-Ost, B 85 nach Amberg, dort im Kreisverkehr 2. Ausfahrt (Richtung B 85/Kurfürstenbad) auf Kurfürstenring, links auf Carl-Schultze-Platz/Schießstätteweg, parken (kostenpflichtig), am Kurfürstenring links, bei Stadtbrille rechts, dann links auf Steinhofgasse, nach 130 Metern rechts auf Frauenplatz | **Öffnungszeiten** Innenraum nur bei der Nacht der offenen Gotteshäuser oder sonstigen Veranstaltungen, Informationen unter www.stadtmarketing-amberg.de | **Tipp** Neben dem Braukessel: Ein Erlebnis ist der Besuch im Schloderer Bräu, wo man beim Essen und (Bier-)Trinken dem Brauer auf die Finger schauen kann (Rathausstraße 4, geöffnet Mo–Do 9–23 Uhr, Fr und Sa 9–24 Uhr, So 10–22 Uhr).

11 Das Geburtshaus des Spieleerfinders

Heute schon geärgert?

Es ist ein Klassiker, den jedes Kind in unseren Breitengraden kennt: Das Brettspiel »Mensch ärgere dich nicht«, entwickelt auf Basis des indischen Spiels »Pachisi«, hat wohl schon unzählige Trotzköpfe dazu verleitet, das Spielbrett inklusive Figuren und Würfel nach einer erfolgreichen Attacke des Gegners wutentbrannt vom Tisch zu fegen.

Zu verdanken haben wir diese und vielleicht auch ein paar angenehmere Spielerfahrungen Josef Friedrich Schmidt, dem Unternehmensgründer der legendären »Schmidt Spiele«, geboren im Jahr 1871 in … Amberg natürlich. Ein großer Sohn der Stadt also, auch wenn er zum Zeitpunkt der Entwicklung des Spiels, 1907/08, bereits in München lebte. Im Jahr 1914 ging seine Erfindung in Serie, ab dem Ersten Weltkrieg trat sie ihren bis heute ungebrochenen Siegeszug an: Allein im Pandemiejahr 2020 wanderten Unternehmensangaben zufolge über eine Million Exemplare (inklusive Spielesammlungen) über den Verkaufstisch.

Es ist der akribischen Detektivarbeit des damaligen Amberger Stadtarchivars Dr. Laschinger zu verdanken, dass das Geburtshaus Schmidts in der Georgenstraße im Jahr 2015 ausfindig gemacht werden konnte und mittlerweile eine Gedenktafel an den Urvater des modernen Gesellschaftsspiels erinnert.

Auch die Amberger selbst haben sich bereitwillig von der Begeisterung um Schmidt mitreißen lassen: Vier Jahre lang, von 2017 bis 2021, hielt die Stadt den Weltrekord im Mensch-ärgere-dich-nicht-Spielen, bei dem sich 1.692 Menschen zeitgleich auf dem Marktplatz dem Brettspiel widmeten. Derzeit, Stand Anfang 2022, liegt der Rekord mit 2.009 Menschen im thüringischen Weida, aber natürlich plant man in Amberg bereits die Revanche – denn mit Verlaub: Wenn ein Rekord nach Amberg gehört, dann ist es doch wohl dieser.

Adresse Georgenstraße 63, 92224 Amberg (nur wenige Parkmöglichkeiten!) | Anfahrt A 6, Ausfahrt Amberg-West, B 299 nach Amberg, dort rechts Richtung A 93 auf B 85 / Nürnberger Straße, nach 1,4 Kilometern links auf Malteserplatz, Georgenstraße schließt sich direkt an (alternative Parkmöglichkeit: öffentliche Parkplätze in der Georg-Grammer-Straße) | Tipp Selber zocken: Neben dem Amberger Congress Centrum ACC (Schießstätteweg 8), auf dem LGS-Gelände, befindet sich eine große Open-Air-Variante des Spiels.

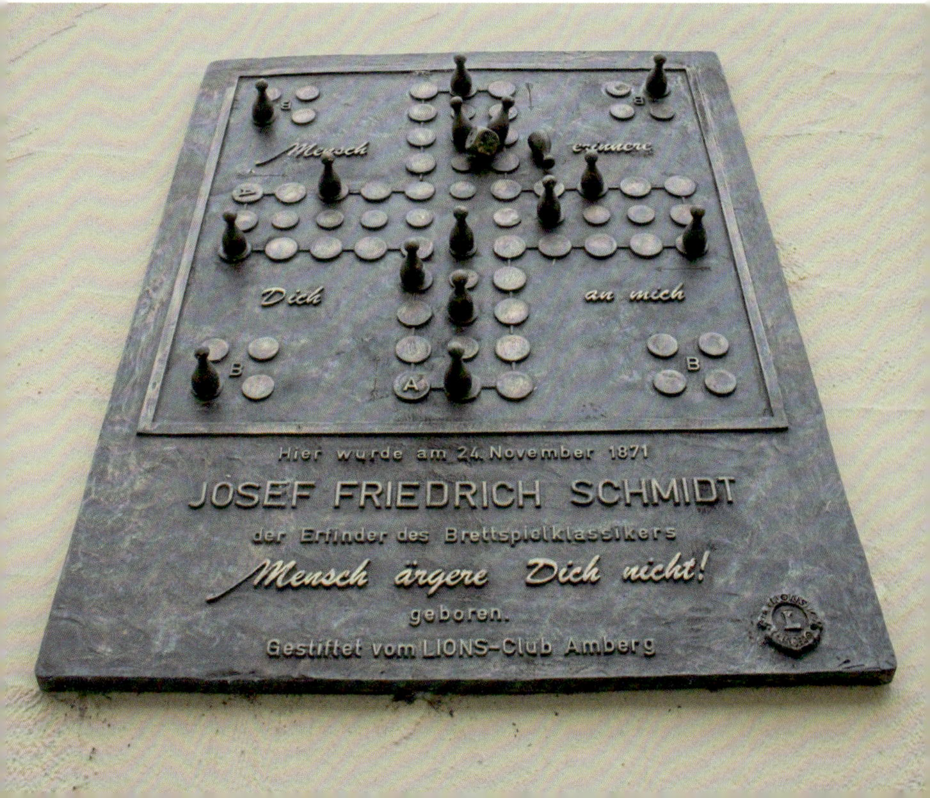

12 Die Glaskathedrale

Ein Monument aus Glas und Beton

Dieses Industriegebäude trägt offiziell die simple Bezeichnung »Glaswerk« – und wird sich selbst damit keinesfalls gerecht. Hingegen erschließt sich dem Betrachter sofort, weshalb es weit häufiger als Kathedrale bezeichnet wird: Das 100 Meter lange Mittelschiff mutet schon auf den ersten Blick sakral an, die kühlen Baustoffe Beton und Glas, die das Bild nicht nur dominieren, sondern dessen einzige Bestandteile zu sein scheinen, verstärken die Wucht, mit der einen der Anblick der Glaskathedrale trifft, nur noch.

Nun sind die Geschmäcker bekanntlich verschieden, doch auch wer angesichts der radikal klaren und für einen Industriebau ungewöhnlichen Formensprache nicht in Begeisterungsstürme ausbricht, steht hier zumindest immer noch vor einem bedeutenden Stück deutscher Architekturgeschichte: Kein Geringerer als Bauhaus-Gründer Walter Gropius zeichnet für dieses Bauwerk verantwortlich, das gleichzeitig sein letztes ist, dessen Fertigstellung im Jahr 1970 er leider nicht mehr erlebte.

Ursprünglich im Auftrag der Firma Rosenthal erbaut, folgte Gropius auch mit diesem Bau seinem Gestaltungsgrundsatz »Form follows function«: Nicht nur die Helligkeit im Inneren der Fertigungshalle, auch die durch Öffnungen im Dachgiebel geregelte Wärmeabfuhr sollte den Glasbläsern ihre oft schweißtreibende Arbeit erleichtern. Menschenfreundlich, ästhetisch, mehr als eine bloße Produktionsstätte also. Auch heute werden in der Halle, mittlerweile im Besitz der Kristall-Glasfabrik Amberg GmbH, noch Gläser produziert, allerdings voll automatisiert, sodass sich das Gebäude leider nicht mehr ganz so funktional darstellt: Ein Kran lässt sich aus statischen Gründen nicht nachrüsten, und Wärmeregulierung durch Zugluft sollte im maschinellen Prozess ohnehin möglichst vermieden werden.

Dennoch ist die Glaskathedrale zweifellos ein architektonisches Vermächtnis. Und für manche auch Juwel.

Adresse Rosenthalstraße 12, 92224 Amberg | **Anfahrt** A 6, Ausfahrt Amberg-Ost, B 85 nach Amberg, dort links auf An den Franzosenäckern, dann wieder links auf Rosenthalstraße | **Öffnungszeiten** von außen jederzeit zu besichtigen, Informationen zu Führungen unter www.stadtmuseum-amberg.de | **Tipp** Wasserspiele: Wo die Rosenthalstraße im weiteren Verlauf zur Gerresheimer Straße wird, befindet sich der Seelöwenbrunnen des renommierten Amberger Künstlers Harry Christlieb. 2020/21 wurde das Kunstwerk saniert und erstrahlt jetzt in neuem Glanz.

13 Der größte Sohn der Stadt

Ein Leben »on the road«

Auch wenn die Statue im Foyer des ehemaligen Zeughauses mannshoch und damit alles andere als klein ist, bezieht sich das Attribut der Größe nicht bloß darauf. Vielmehr geht es um die Bedeutung des Dargestellten, Ruprecht von der Pfalz, der am 5. Mai 1352 in Amberg geboren wurde.

Nun haben natürlich viele Städte einen historisch relevanten Adeligen zu bieten, doch beileibe nicht alle können diesbezüglich auf einen richtigen König verweisen. Nun, Amberg kann. Der aus der Pfälzer Linie der Wittelsbacher hervorgegangene Ruprecht war ab 1398 Pfalzgraf bei Rhein, von 1400 bis 1410 aber zusätzlich König des Heiligen Römischen Reiches. Ganz glücklich verlief seine Amtszeit allerdings nicht: Nach der Absetzung König Wenzels und der eigenen Wahl zum König war Ruprecht das, was man heute wohl als »chronisch klamm« bezeichnen würde. Sein Italienzug von 1401/1402 geriet zum Debakel und vertiefte die finanziellen Nöte nur noch, die Kaiserkrone blieb ihm verwehrt. Andererseits gelang es ihm aber, das Gebiet der Kurpfalz auszudehnen und Heidelberg zumindest vorübergehend als eine Art Reichshauptstadt zu etablieren.

Und welche Rolle spielte nun seine Geburtsstadt für Ruprecht? Nachdem eine Königsherrschaft im Mittelalter bedeutete, ohne feste Residenz stetig durchs eigene Herrschaftsgebiet zu ziehen, um mittels Präsenz auch ja keine Zweifel am eigenen Autoritätsanspruch aufkommen zu lassen, war Amberg (neben Heidelberg) wohl so etwas wie sein Heimathafen, wo er sich gerne und viel aufhielt und 1374 auch seine Vermählung mit Elisabeth von Hohenzollern-Nürnberg feierte. Im Jahr 1410 endete seine Herrschaft mit seinem Tod, er wurde in Heidelberg beigesetzt.

Angesichts so viel königlicher Strahlkraft lässt sich darüber hinwegsehen, dass die Statue im Zeughaus eine (hochwertige!) Kopie ist, das Original ist an der Münchner Michaeliskirche zu finden.

Adresse Zeughausstraße 2, 92224 Amberg (keine Parkmöglichkeit!) | Anfahrt A 6, Ausfahrt Amberg-Ost, B 85 nach Amberg, dort im Kreisverkehr 2. Ausfahrt (Richtung B 85 / Kurfürstenbad) auf Kurfürstenring, links auf Carl-Schultze-Platz / Schießstätteweg, parken (kostenpflichtig), am Kurfürstenring links, vor der Vils rechts und durch die Stadtbrille, Zeughaus liegt rechts | Tipp Der Sohn des Sohnes: In der Basilika St. Martin (knapp 200 Meter entlang der Vils stadteinwärts und nicht zu übersehen!) befindet sich die prachtvolle Grabstätte Ruprecht Pipans, des 1397 verstorbenen ältesten Sohnes des Königs.

14 Die Hausbrauerei

Authentische Braukunst auf 100 Quadratmetern

Im Wohngebiet am Stadtrand angekommen, muss man genau hinsehen, um das Schild neben der Haustür zu entdecken, das dem Besucher verrät: Hier ist er richtig – zumindest, wenn er auf der Suche nach Arno Dieners Hausbrauerei SUDHANG und dem Gerstensaft ist, der aus ihr hervorgeht. Wie es sich für eine Hausbrauerei gehört, befindet sie sich im Untergeschoss des Wohnhauses, und erste Informationen über die im Nebenerwerb geführte Brauerei erhalte ich dann auch stilecht im Privatbüro, das zumindest in Teilen unübersehbar den Enkeln als Spielzimmer dient.

Dann aber geht es zum Sudhaus mit seiner holzbefeuerten Maisch- und Sudpfanne sowie zum Gär- und Lagerkeller. Gebraut wird hier größtenteils in Handarbeit – was zum einen der begrenzten Fläche von knapp 100 Quadratmetern geschuldet ist, zum anderen aber auch Arno Dieners Überzeugung: Das Wichtigste an einem Bier ist die Authentizität. Nicht zuletzt deshalb legt er großen Wert auf Oberpfälzer Zutaten, der verwendete Hopfen stammt ausschließlich aus dem Hopfengarten in Illschwang (Ort 74). Abgefüllt wird das Brauerzeugnis, zumeist Märzen- oder Kellerbier, ungefiltert und ohne technische Konservierung in wenig handliche, dafür aber umso beeindruckendere Zwei-Liter-Flaschen – sozusagen die »Doppelmaß« für das allergrößte Biervergnügen!

Vergnüglich ist auch die Geschichte, die 1985 zur Gründung der Hausbrauerei führte: Während in der traditionellen Bierstadt Amberg immer mehr Brauereien ihre Pforten schlossen, stieg bei Arno Diener und seinem früheren Brau-Kompagnon Wolfgang Schmidt das Bedürfnis nach einem besonderen Bier, um den Jahreswechsel genussvoll zu feiern. Weshalb also nicht selbst brauen? Der Einmachtopf, der für das erste Bier herhalten musste, ist längst nicht mehr im Einsatz, gebraut wird mittlerweile ganzjährig im Sechs-Hektoliter-Sudhaus.

Das ist kein Hobby mehr, das ist schon eine Leidenschaft.

Adresse Am Südhang 7, 92224 Amberg | Anfahrt A 6, Ausfahrt Amberg-Ost, B 85 nach Amberg, dort rechts auf Merianstraße (Beschilderung »Mariahilfberg«), die zu Dr.-Filchner-Straße und Berliner Straße wird, links auf Bergauffahrt, nach 120 Metern wieder links auf Am Südhang | Öffnungszeiten nach Voranmeldung, Arno Diener, Tel. 09621/9707956; auch Braukurse und Bierverkostungen, weitere Informationen unter www.sudhang.de | Tipp Zum Aufsaugen: Wer nach so viel Bier Hunger bekommt, stärkt sich zum Beispiel in der Gaststätte Rußwurmhaus mit ihrem malerischen Freisitz (Eichenforstgäßchen 14, geöffnet Di–So 11–14 und 17–21 Uhr).

15 Das Kachelhaus

Eine kunstvolle Villa Kunterbunt

Eigentlich ist die Pfistermeisterstraße eine typische Zufahrtsstraße Richtung Zentrum: Haus reiht sich an Haus, manche gut in Schuss, manche schon etwas mitgenommen, am Straßenrand stehen die parkenden Autos Stoßstange an Stoßstange, und würde sich die auffällige Fassade des Anwesens von Anne Berghöfer nicht von der Seite ins Sichtfeld schieben, würde man wohl weiterfahren, ohne auch nur einmal den Blick von der Straße abzuwenden. So aber reicht selbst ein sehr genauer Blick – jetzt nicht mehr fahrend, sondern vor dem Haus stehend – nicht aus, um auf Anhieb alle Überraschungen zu entdecken, die das kunstvoll verzierte, farbenfrohe Gebäude zu bieten hat. Dabei ist jedes Detail von der Eigentümerin aus Ton handgefertigt, ob Kachel oder Wandskulptur.

Dass sie das Bunte liebt, kann der Anblick des Gebäudes nicht verhehlen, allerdings findet sich zwischen all den fröhlichen Mustern und Motiven durchaus auch Beklemmendes: Ob die einzelnen Figuren nun in die Hauswand gesogen werden oder aus ihr hervorbrechen, hängt wohl von der Sichtweise des Betrachters ab; ihre Machtlosigkeit und Überraschung angesichts der Vorgänge lässt sich aber an den Tongesichtern und -gliedmaßen ablesen.

Meist fröhlich, manchmal doch ein bisschen düster – der Lebendigkeit, die die zum Kunstobjekt umgestaltete Fassade ausstrahlt, kann man sich nicht entziehen. Wie eine Villa Kunterbunt für Erwachsene, denke ich bei mir, und auch die Künstlerin selbst, die mich mit Informationen versorgt, passt mit ihrer positiven Gelassenheit perfekt ins Gesamtbild. »Ich mag es einfach farbig«, sagt sie ganz unprätentiös, und unweigerlich fragt man sich, weshalb es derartige Farbtupfer im oft langweiligen Einheitsbrei unserer Straßen nicht viel häufiger zu sehen gibt.

Immerhin, in der Pfistermeisterstraße ist dank Anne Berghöfer für einen wirklich bezaubernden Hingucker gesorgt.

Adresse Pfistermeisterstraße 6, 92224 Amberg | Anfahrt A 6, Ausfahrt Amberg-Ost, B 85 Richtung Amberg-Zentrum, nach 10,4 Kilometern rechts auf Raigeringer Straße, dann links auf Pfistermeisterstraße, das Haus befindet sich rechts | Tipp Wider den Verpackungsmüll: Nur drei Fahrminuten entfernt, in der Friedlandstraße 6, befindet sich der im September 2021 eröffnete Unverpackt-Laden »Weltfairbesserer« mit seinem breiten Sortiment – besonders Bioware und regionale Produkte stehen im Fokus. Eigene Behälter nicht vergessen!

16 Der Knödel

Eine Suppeneinlage der besonderen Art

Den weithin sichtbaren Mariahilfberg mit seiner Wallfahrtskirche und dem phänomenalen Blick über die ganze Stadt kennt in Amberg vermutlich jedes Kind. Aber dass sich hier sogar eine kulinarische, wenn auch außerordentlich schwer verdauliche Besonderheit verbirgt, dürfte weit weniger bekannt sein.

Es begab sich zu Beginn des 18. Jahrhunderts, dass sich die Stadt in den Spanischen Erbfolgekrieg verwickelt sah. Nach der Kapitulation Chams marschierten die damals feindlichen österreichischen Truppen gen Amberg und begannen am 3. November 1703 mit dem Beschuss. Gut zwei Wochen später stand der Feind am Stadtgraben und die Stadt selbst im Kreuzfeuer der Österreicher. Kampflos wollte der Kommandant Graf von St. Bonifacio Amberg aber nicht aufgeben, und so ließ er aus der Verteidigungslinie am »Dockenhansl« (Eckturm der Stadtmauer beim Nabburger Tor) einen Amberger Bürger auf das Franziskanerkloster auf dem Mariahilfberg feuern, wo sich im Refektorium die österreichischen Offiziere soeben in freudiger Erwartung am gedeckten Tisch niedergelassen hatten. Der Kanonenschütze bewies erstaunliche Treffsicherheit, seine abgefeuerte Kugel landete mitten in der Suppenschüssel und dürfte den Offizieren somit eine Geschmacksexplosion der unerwünschten Art beschert haben.

Klingt ziemlich unglaublich? Ebenjene Kanonenkugel aus der Suppenschüssel, der Amberger Knödel also, ist es, die noch heute über dem Portal der Wallfahrtskirche Maria Hilf zu bestaunen ist. Abseits des Mariahilfbergs, auf dem Gelände der ehemaligen Ritter-von-Möhl-Kaserne am Bürgermeister-Bartelt-Platz, lässt sich zudem eine Bronzeplastik bewundern, die die beschriebene Szene eindrucksvoll nachstellt.

Nach diesen Geschehnissen wird den Herren Offizieren der Appetit sicherlich vergangen sein: Der Amberger Knödel ist zwar durchaus sehenswert, aber eindeutig nicht zum Verzehr geeignet.

Adresse Auf dem Mariahilfberg 3, 92224 Amberg | Anfahrt A 6, Ausfahrt Amberg-Ost, B 85 nach Amberg, dort rechts auf Merianstraße (Beschilderung »Mariahilfberg«), die zu Dr.-Filchner-Straße und Berliner Straße wird, links auf Bergauffahrt, wieder links auf Auf dem Mariahilfberg | Tipp Baum mit Geheimnis: Ein kleines Stück bergab, unterhalb der Loretokapelle, befindet sich eine Winterlinde, an der ein Zufluchtsgebet befestigt ist. Allerdings birgt sie noch ein weiteres Geheimnis. Wer findet die versteckte Marienstatue?

17 Der Lesesaal

Wo die Weisheit sitzt

Ursprünglich wurde das Maltesergebäude ab 1665 als Jesuitenkolleg erbaut, seinen bis heute verwendeten Namen verdankt es allerdings der Nutzung durch den Orden von 1782 bis zur Säkularisation 1808. Heute beherbergt es die Amberger Provinzialbibliothek – und verströmt noch immer historisches Flair.

Ein langer Flur mit barock-klassizistischen, gut gefüllten Buchregalen führt zum größten Schatz des Komplexes, dem barocken Lesesaal, dessen zweiflügliges Eingangsportal mit »Sapientiae Sedes« (Sitz der Weisheit) überschrieben ist. Gespannt trete ich ein – und bin überwältigt.

Ist es der Duft alter Bücher, der den Raum trotz seiner Größe erfüllt? Die prachtvoll geschnitzten, deckenhohen Eichenholzregale? Der Blick auf die Dächer der Stadt und den Turm der Martinskirche, der sich vor den Fenstern auftut? Oder aber, wohl am wahrscheinlichsten, all das zusammen, gepaart mit den Deckengemälden, die sich in kräftigen Farben von den filigranen Stuckverzierungen abheben? Natürlich, in meinem Fall trägt auch die Anwesenheit von Büchern ihr Scherflein bei: Hier befinden sich kostbare Exemplare der historischen Buchbestände, Schriften aus dem Jesuitenkolleg selbst sowie aus zahlreichen Klosterbibliotheken, die im Zuge der Säkularisation aufgelöst wurden. Die Provinzialbibliothek verfügt über 27.000 Bände aus der Zeit vor 1800, darunter mehr als 2.000 Wiegen- und Frühdrucke aus der Zeit vor 1550. Der Lesesaal wurde in den Jahren 1677 bis 1681 eingerichtet und 50 Jahre später erweitert; auch die Deckengemälde entstanden in dieser Zeit, der Barockmaler Johann Gebhard, zu dessen Werken auch die Seitenschiff-Fresken der Klosterkirche Sankt Emmeram in Regensburg zählen, zeichnet für sie verantwortlich.

Und wie ist das nun mit der Weisheit? Tatsächlich, als ich den Lesesaal nach ausgiebiger Bewunderung wieder verlasse, fühle ich mich durchaus ein wenig erleuchtet.

Adresse Malteserplatz 4, 92224 Amberg | **Anfahrt** A 6, Ausfahrt Amberg-West, B 299 nach Amberg, dort rechts Richtung A 93 auf B 85/Nürnberger Straße, nach 1,4 Kilometern links auf Malteserplatz (alternative Parkmöglichkeit: öffentliche Parkplätze in der Georg-Grammer-Straße) | **Öffnungszeiten** Besichtigung auf Anfrage, Veranstaltungen und Ausstellungen Mai–Sept., Informationen unter www.provinzialbibliothek-amberg.de | **Tipp** Sonntagsserenaden: Ab Juni bis September finden sonntags im benachbarten Maltesergarten Freiluftkonzerte mit wechselnden Bands und Kapellen statt (jeweils ab 19 Uhr, Eintritt frei, nur bei gutem Wetter).

18 Das Mundloch

Einen Kilometer weit in den Berg

Kein Industriezweig hat die Stadt und die gesamte Region, oft und gerne auch als das »Ruhrgebiet des Mittelalters« bezeichnet, so sehr geprägt wie der Eisenerzbergbau. Das wichtigste Abbaugebiet der ortsansässigen Luitpoldhütte stellte der Amberger Erzberg dar, und so befindet sich zu seinen Füßen, genauer gesagt im Hinterhof der Druckerei Frischmann, ein bedeutendes Stück Amberger Industriegeschichte: das (nicht zugängliche) Mundloch – Laien würden es vielleicht eher als Eingang bezeichnen – des Theresienstollens, benannt nach Königin Therese von Bayern. Es gewährt heute noch einen kleinen Einblick in die einstmals großen Dimensionen des dortigen Bergbaus.

Im Jahr 1842 wurde der Theresienstollen von der Luitpoldhütte in Betrieb genommen, 1844, im Jahr seiner Vollendung, fraß er sich über eine Länge von stolzen 977 Metern horizontal in den Berg.

Zunächst wurde hier Eisenerz gefördert, im späteren Verlauf diente der Stollen aber der Entsorgung von Grubenwasser, der Versorgung der Grube mit Holz für den Ausbau sowie der Einfahrt der Bergleute. Im Jahr 1964 musste der Bergbau in Amberg wegen Erschöpfung der Lagerstätte schließlich eingestellt werden, natürlich kam im Zuge dessen auch die Arbeit im Theresienstollen zum Erliegen. Bis zu diesem Zeitpunkt wurden vor Ort allerdings knapp 13 Millionen Tonnen Eisenerz abgebaut.

Im kleinen Vorraum des Stollens findet der Besucher eine Figur der heiligen Barbara, der Schutzpatronin der Bergleute, sowie einige historische Bergbauutensilien. Was den Erzberg selbst angeht, so ist er Teil des Erzwegs, eines Wanderwegs, der die bedeutsamsten Stätten der regionalen Bergbautradition aufs Schönste miteinander verbindet.

Auch wenn das »Ruhrgebiet des Mittelalters« längst der Vergangenheit angehört: Die Erinnerung daran ist lebendig, und sie wird es hoffentlich auch noch lange bleiben. Glück auf!

Adresse Sulzbacher Straße 93 (Innenhof), 92224 Amberg | Anfahrt A6, Ausfahrt Amberg-West, B 299 nach Amberg, dort vor der Überquerung der Bahngleise rechts auf Bayreuther Straße, rechts auf Oberstdorfer Brücke, rechts auf Sulzbacher Straße | Tipp Amberger Geschichte: Das Amberger Stadtmuseum zeigt viel Sehenswertes zur Stadtgeschichte, der Eisenerzbergbau ist dabei eines von vielen spannenden Themen (Zeughausstraße 18, geöffnet Di–So 11–16 Uhr).

19 Der Pulverturm

Explosive Industriegeschichte

Dass der Eisenerzabbau lange Zeit die Stadt maßgeblich prägte, wird nirgendwo so deutlich wie auf dem Erzberg, dem früheren Zentrum des Amberger Bergbaus. Denn wer die Augen offenhält, wird hier noch so einige Zeugen der früheren Industriegeschichte finden – in ganz unterschiedlichem Erhaltungszustand. Einer dieser Zeugen ist der Pulverturm, der nach seiner Baugenehmigung 1859 für die Lagerung des beim Abbau benötigten Schießpulvers in 300 Meter Entfernung vom Barbaraschacht errichtet worden war (denn der Bergmann sprengte nicht, er »schoss«). Nach der Abteufung des Schachts wurde der Pulverturm in den späten 1880er Jahren an eine Firma verpachtet, die dort ebenfalls hochexplosives Material lagerte; mutmaßlich erst in den 1920er Jahren verlor er, ursprünglich etwa drei Meter hoch, seine Funktion und wurde daraufhin von den Amberger Kindern umgenutzt: Bis in die 1960er Jahre diente das verfallende Bauwerk, zusammen mit dem umliegenden Waldgelände, als Abenteuerspielplatz.

Doch auch das war längst Geschichte, als der damalige, mittlerweile bedauerlicherweise verstorbene Poppenrichter Ortsheimatpfleger Hans Prem auf die fast vergessenen Reste des Mauerwerks stieß und beschloss, sich um die Erhaltung dieser steinernen Erinnerung an die Amberger Montangeschichte zu bemühen. Schnell war eine Handvoll Mitstreiter gefunden, die zu Beginn der 2010er Jahre mit Prem Hand anlegte, die von Vandalen den Abhang hinuntergeworfenen Sandsteinquader der ursprünglichen Bausubstanz nach oben zurückschleppte und damit immerhin das achteckige Fundament des Turms wieder aufbaute. Die von den Beteiligten gewünschte Tafel mit Informationen zum Pulverturm lässt zwar noch auf sich warten, das Rätsel um Sinn und Zweck des Fundaments im Wald, direkt am Erzweg gelegen, hat sich aber nun immerhin für die Leserinnen und Leser dieses Buches entschlüsselt.

Adresse Nähe Erzbergweg, 92224 Amberg | Anfahrt A 6, Ausfahrt Amberg-West, B 299 nach Amberg, vor der Überquerung der Bahngleise rechts auf Bayreuther Straße, rechts auf Oberstdorfer Brücke, rechts auf Sulzbacher Straße, links auf Erzbergweg (öffentlicher Parkplatz rechts), 450 Meter Fußweg bergauf in den Wald (Markierung »Erzweg«, rotes Kreuz auf weißem Grund) | Tipp Erzberg: Bei der Gelegenheit sollte man sich einen Spaziergang auf dem Erzberg mit seinem fulminanten Blick über Amberg und die Umgebung und noch mehr stummen Zeugen der Bergbaugeschichte nicht entgehen lassen.

20 Der Rosengarten

Duftsymphonie und Augenschmaus

Es gibt sie wohl in fast jeder Stadt, diese idyllischen kleinen Inseln der Ruhe und Schönheit, die jegliche hektische Betriebsamkeit vergessen lassen und zu nichts als süßem Verweilen einladen. Nun ist die Amberger Altstadt zwar weit davon entfernt, ein finsterer Moloch zu sein, der den Besucher mit Lärm und Menschenmassen zu verschlingen droht. Und doch: Betritt man den barocken Rosengarten am ehemaligen Zeughaus, dann ist es ein bisschen so, als würde man die Zeit anhalten und die Welt dort draußen hinter sich lassen. Rund 900 Stöcke von 45 verschiedenen Sorten blühen in diesem Garten, scharen und ranken sich um einen kleinen Brunnen in der Mitte der Anlage und verzaubern den Besucher mit ihrer Farbvielfalt und ihrem betörenden Duft.

Das zwischen den Jahren 1502 (Nord- und Ostflügel) und 1607 (Südflügel) erbaute Zeughaus hatte bereits im Jahr 1743 seine Funktion als Waffenlagerstätte verloren. Zwischenzeitlich beherbergte das dreiflüglige, denkmalgeschützte Bauwerk Stallungen für Pferde, 1945 wurde es durch einen Brand stark in Mitleidenschaft gezogen. Nach umfangreicher Sanierung bis 1994 dient es dem Landkreis Amberg-Sulzbach als Verwaltungsgebäude – und dem Rosengarten als ehrwürdige Kulisse.

Apropos Kulisse: Als Location für Fotoshootings empfiehlt sich dieser Ort mit seinem Zauber ohnehin, aber auch Dreharbeiten fanden hier schon statt, und zwar im Jahr 2009 für die wohl bekannteste bayerische Daily Soap »Dahoam is dahoam«.

Aber auch wenn sich die Crème de la Crème Lansings nicht hierherverirrt, wird der Rosengarten zumindest einmal jährlich vom Trubel eingeholt, und zwar dann, wenn im Frühsommer das Rosenfest gefeiert wird. Die dornige Königin der Blumen lässt sich ausnahmsweise sicher gerne huldigen … Tags darauf versinkt der Garten mit seinen Bewohnerinnen ohnehin wieder stilecht im verzauberten Dornröschenschlaf.

Adresse Zeughausstraße 2, 92224 Amberg (keine Parkmöglichkeit!) | Anfahrt A 6, Ausfahrt Amberg-Ost, B 85 nach Amberg, dort im Kreisverkehr 2. Ausfahrt (Richtung B 85 / Kurfürstenbad) auf Kurfürstenring, links auf Carl-Schultze-Platz / Schießstätteweg, parken (kostenpflichtig), am Kurfürstenring links, vor der Vils rechts und durch die Stadtbrille, Rosengarten liegt rechts | Tipp Schiffbrücke: Folgt man der Vils stadteinwärts, so gelangt man nach knapp 100 Metern zur sogenannten Schiffbrücke, einer sehenswerten, über 250 Jahre alten Holzkonstruktion mit Überdachung.

21 Das Schlauchboot

Zusammenspiel der Elemente

Kunst im öffentlichen Raum steht in Amberg ganz im Zeichen der Luft, aufgrund der vielfachen kreativen Auseinandersetzung mit diesem Element schmückt sich die Stadt mit der Bezeichnung »Luftkunstort«. Dem Besucher ermöglicht der konzentrierte Blick auf etwas, das gemeinhin ja eher als selbstverständlich erachtet wird, ganz neue Perspektiven.

So auch angesichts der Skulptur »Gummiboot« des Baslers Jean-Marc Gaillard, der neben der eigenen künstlerischen Tätigkeit vor allem als ehemaliger Mitarbeiter, nunmehr Restaurator und somit Bewahrer der Werke des berühmten Jean Tinguely bekannt ist. Freilich drängt sich beim Betrachten der Skulptur – oder beim Probesitzen – zunächst der Gedanke an ein anderes Element auf, zumal der Standort am Vilsufer diesen provoziert. Die Würdigung des Wassers – und des Flusses als einstige Lebensader der Stadt – fließt also ganz automatisch mit ein, und doch steht die Luft als das tragende Element eines Schlauchboots wieder einmal im Fokus. Freilich, schwimmen würde dieses aus Cortenstahl gefertigte Exemplar nicht, schließlich bringt es satte 600 Kilogramm auf die Waage. Und doch macht es die Bedeutung der Luft wieder einmal auf ganz plastische Art greifbar. Im Jahr 2018 wurde das »Gummiboot« als erstes Exponat sichtbarer »Luftkunst« im öffentlichen Raum für 20.000 Euro von der Stadt Amberg erworben, im Jahr 2019 lieferte der Künstler den ebenfalls stählernen Anlegepoller nach. Dabei erweist sich der Standort als ebenso sinnig wie genial, hat der Besucher doch nicht nur die Vils, sondern auch das Luftmuseum auf der gegenüberliegenden Uferseite im Blick.

Ob als origineller Ort für eine Verschnaufpause, als passende Location für einen Schnappschuss, zum Philosophieren über die Elemente oder um – zumindest imaginär – auf eine kleine Bootstour zu gehen: Das Amberger Schlauchboot wartet auf launige Hobby-Kapitäne. Schiff ahoi!

Adresse Schiffgasse/Ecke Zeughausstraße, 92224 Amberg | Anfahrt A 6, Ausfahrt Amberg-Ost, B 85 nach Amberg, dort im Kreisverkehr 2. Ausfahrt (Richtung B 85/Kurfürstenbad) auf Kurfürstenring, links auf Carl-Schultze-Platz/Schießstätteweg, parken (kostenpflichtig), am Kurfürstenring links, vor der Vils rechts und durch die Stadtbrille der Vils folgen | Tipp Kaffeedurst: Die Kaffeespezialitäten der Bavarian Roasting Company können direkt in der Rösterei (neben dem Schweinchenbrunnen!) mit angeschlossenem Kaffeehaus probiert und erworben werden (Viehmarkt 11, 92224 Amberg, Infos unter www.baroco.de).

22 Die Sommerlounge

Gekommen, um zu bleiben

Dass so eine Pandemie zwar sehr viel, aber nicht ausschließlich Schlechtes mit sich bringt, haben einige Unternehmer und Organisationen, wenn auch notgedrungen, in der vergangenen Zeit mit viel Einfallsreichtum und Flexibilität unter Beweis gestellt. Auch der Stadtmarketing Amberg e. V. hat sich 2020 überlegt, wie man den Ambergern den Sommer versüßen kann, wenn schon große Veranstaltungen wie die Luftnacht oder das Food-Truck-Festival ausfallen mussten.

Neben einigen anderen guten Ideen war es vor allem die Sommerlounge, die dabei herausstach und sich doch so hervorragend in die Umgebung einfügte, dass man sich unweigerlich fragte, warum es sie nicht schon immer gab. Und deshalb findet man sie in der warmen Jahreszeit bis heute, und zwar an einem der schönsten Flecken, die Amberg zu bieten hat: Im grünen Paradies des Stadtgrabens, zwischen dem Nabburger Tor und der Stadtbrille, dem weithin bekannten und doch immer wieder sehenswerten Amberger Wahrzeichen, lädt die zauberhafte Freiluft-Lounge zum Verweilen ein. Die Gestaltung erweist sich dabei als absoluter Hingucker: Locker gruppiert gesellen sich hochwertige und zugleich stylishe Palettenmöbel zu Oliven- und Mandarinenbäumen, die sofort für entspanntes Urlaubsflair sorgen. Nachts verändert sich die Atmosphäre, Lampionketten tauchen die Szenerie in romantisches Licht.

Auch der zugrunde liegende Gedanke ist so einfach wie überzeugend: Große Gruppen finden hier keinen Platz, aber für ein lockeres Treffen in entspannter Atmosphäre, eine Verschnaufpause beim Stadtbummel oder ein kleines Sonnenbad in der Mittagspause eignet sich die Lounge perfekt.

Alles also, wie angedacht, pandemiekonform, aber auch darüber hinaus ein Schatz, den es zu erhalten lohnt: Warum sollte es ein Entweder-oder geben, wenn ein »Sowohl als auch«, am liebsten völlig ohne Pandemie, doch ohnehin am schönsten ist?

Adresse im Stadtgraben Nähe Kurfürstenring, 92224 Amberg | Anfahrt A 6, Ausfahrt Amberg-Ost, B 85 nach Amberg, dort im Kreisverkehr 2. Ausfahrt (Richtung B 85 / Kurfürstenbad) auf Kurfürstenring, links auf Carl-Schultze-Platz / Schießstätteweg, parken (kostenpflichtig), am Kurfürstenring in den Stadtgraben, links Richtung Stadtbrille | Tipp Zu Fuß durch die Geschichte: Im Stadtgraben auf dem Weg zum Nabburger Tor befindet sich der Geschichtsweg, auf dem sich viele spannende Eckdaten zur Stadt- und Weltgeschichte beim Spaziergang in Erfahrung bringen lassen.

23 Die Todeszelle

Rast im Knast gefällig?

Was man hier zu sehen bekommt, findet man normalerweise höchstens im Zuge musealer Nutzung. Eine »Todeszelle« oder zumindest einen Ort der »Dunkelhaft« an einer Stätte der Gastlichkeit zu besichtigen, das ist zweifellos ebenso spannend wie außergewöhnlich!

Diese im wahrsten Wortsinn fesselnde Mischung ist Gerald Stelzer und Peter Voss zu verdanken, die das 1699 entstandene Gefängnis, die Fronfeste, bis 2013 zum Hotel umbauten und dabei auf das Besondere setzten: Zellentüren und vergitterte Fenster lassen keinen Zweifel daran, dass man sich in einem Zuchthaus aus vergangenen Zeiten befindet, das denkmalgeschützte Gebäude wurde in weiten Teilen sanft und aufwendig saniert und 2014 mit dem Denkmalpreis ausgezeichnet. Dennoch muss niemand fürchten, hier auf einer schmalen Pritsche bei Wasser und Brot darben zu müssen, selbstverständlich genießt jeder Gast trotz des Gefängnisflairs höchsten Komfort.

Die Todeszelle selbst wird nicht vermietet, der Urzustand des kleinen, mit einem zusätzlichen Gitter gesicherten und zudem fensterlosen Raums wurde weitgehend beibehalten. Dabei ist die Verwendung der Zelle mit der Nummer 10 bis heute nicht ganz zweifelsfrei geklärt: Zitterten in ihr wirklich dem Tode Geweihte dem eigenen Ende entgegen, oder diente sie vielmehr als »Verwahrzelle« für Gefangene mit verschärften Haftbedingungen, zum Beispiel der Dunkelhaft? Im Jahr 1935 jedenfalls soll dort zum letzten Mal ein Gefangener seiner bevorstehenden Exekution durch das Fallbeil entgegengesehen haben. Auch wenn sich dieser Punkt nicht ganz zweifelsfrei klären lässt: Ein leises Gefühl der Beklemmung stellt sich im Inneren der Zelle sofort ein, ganz unabhängig davon, ob nun ein Verbrechen auf dem eigenen Gewissen lastet oder nicht. Grund genug also, sich nach der Besichtigung wieder dem Aspekt der Gastlichkeit zuzuwenden – und sich vor Ort kulinarisch verwöhnen zu lassen …

Adresse Fronfestgasse 8, 92224 Amberg (eingeschränkte Parkmöglichkeiten) | **Anfahrt** A 6, Ausfahrt Amberg-West, B 299 nach Amberg, dort rechts Richtung A 93 auf B 85 / Nürnberger Straße, links auf Kaiser-Wilhelm-Ring, weiter auf Pfalzgrafenring, nach Pfalzgrafenbrücke rechts zur Parkgarage am Ziegeltor (kostenpflichtig), zu Fuß durch das Ziegeltor in die Ziegelgasse, rechts auf Fronfestgasse | **Öffnungszeiten** Besichtigung nach Anmeldung unter Tel. 09621/179552 | **Tipp** Blickfang: In der Löffelgasse 2 befindet sich mit dem »Walfischhaus«, an dessen Fassade die biblische Geschichte des vom Walfisch verschluckten Jonas dargestellt wird, das wohl auffälligste Privathaus der Stadt.

24 Der Vesuna-Turm

Wo die deutsch-französische Freundschaft leuchtet

Wenn man über das ehemalige Gelände der Landesgartenschau spaziert, die im Jahr 1996 rund um die Vils stattfand und zahlreiche Besucher nach Amberg lockte, fällt dieser futuristisch anmutende Turm mit einem Durchmesser von 3,6 Metern und einer stolzen Höhe von 18 Metern unweigerlich ins Auge. Die durch Überdruck und Dehnung geformten Plexiglaselemente lassen den Turm wie aufgeblasen wirken und schlagen so die Brücke zur Stadt Amberg als Luftkunstort, allerdings bleibt die Funktion des Bauwerks auch bei näherer Betrachtung unklar. Versucht man, der Sache auf den Grund zu gehen, so stößt man darauf, dass die Konstruktion in der Amberger Bevölkerung vorwiegend als Pierre-Brice-Turm bezeichnet wird. Brachte hier jemand also seine große Verehrung für Winnetou zum Ausdruck? Allzu erleuchtet hinterlässt dieser Hinweis nicht, stattdessen gibt er eher weitere Rätsel auf.

Und doch ist es Erleuchtung, die letztlich zur Erklärung führt: Nachts ist der Turm beleuchtet, weshalb sein Initiator, der im Amberger Raum bestens bekannte Künstler Wilhelm Koch, ihn als Lichtskulptur bezeichnet. Ein »Leuchtturm« für die deutsch-französische Freundschaft, so will er sein Werk verstanden wissen, das dem in der französischen Partnerstadt Périgueux beheimateten 24 Meter hohen »Tour de Vésone« nachempfunden ist. Folgerichtig schenkte Koch, der den Bau des Turms mittels Sponsoren und Helfern finanzierte, das fertige Werk im Jahr 1996, pünktlich zur Eröffnung der Landesgartenschau, den beiden Partnerstädten zu gleichen Teilen.

Auch das Rätsel um Pierre Brice lässt sich aufklären: Der legendäre Winnetou, der Stadt durch seine aus Amberg stammende Ehefrau eng verbunden, fungierte als Schirmherr.

Leider wurde der Vesuna-Turm wiederholt Opfer von Vandalismus, sodass er mittlerweile nicht mehr begehbar ist. Sein hoffnungsvolles Licht aber strahlt des Nachts noch immer ungebrochen.

Adresse Nähe Bruno-Hofer-Straße 8, 92224 Amberg | **Anfahrt** A 6, Ausfahrt Amberg-Ost, B 85 nach Amberg, dort links auf Barbarastraße, im Kreisverkehr 1. Ausfahrt auf Leopoldstraße, geradeaus bis Bruno-Hofer-Straße, nach 400 Metern rechts auf Dultplatz, parken und zu Fuß Bruno-Hofer-Straße überqueren, Turm steht am Rande des LGS-Geländes | **Tipp** Rund um die Luft: Im Amberger Luftmuseum dreht sich alles um das Element, das uns umgibt (Eichenforstgäßchen 12, geöffnet Okt.–März Di–Fr 14–17 Uhr, Sa, So und feiertags 11–17 Uhr, April–Sept. jeweils bis 18 Uhr).

25 Der Wegweiser der Menschlichkeit

Ein Mahnmal gegen Ausgrenzung und Hass

Es sind erhabene, für eine funktionierende Gesellschaft aber gleichermaßen selbstverständliche wie unverzichtbare Ziele von Empathie bis Freiheit, von Toleranz bis Respekt, die dieser besondere Wegweiser formuliert.

Dass dies an einem Ort geschieht, der auf tragische Weise davon zeugt, was passiert, wenn moralische Werte außer Acht gelassen werden, ist dabei unbedingt erwähnenswert: In der Nacht zum 7. September 1995 wurde an ebendieser Stelle der Busfahrer Klaus-Peter Beer, zu Besuch in seiner Heimatstadt, aufgrund seiner Homosexualität von zwei Neonazis bewusstlos geschlagen und in die Vils geworfen, wo er ertrank. Mit dem sogenannten »Vilsmord« machte die Stadt bundesweit Schlagzeilen, der Prozess gegen die abschließend wegen Totschlags verurteilten Täter fand, so der zuständige Richter, in einem Klima des Terrors durch die von rechts aufgebaute Drohkulisse statt.

Nun dauerte es zwar einige Zeit, bis dieser Ort eine der schrecklichen Tat angemessene Würdigung erfuhr, zumal man eine Gedenktafel für den Ermordeten trotz einiger Vorstöße antifaschistischer Verbände bislang vergeblich suchte. Man kann der Stadt Amberg aber durchaus zugutehalten, dass trotz der langen Zeitdauer die Erinnerung an das Verbrechen nicht aus den Köpfen der Entscheider verschwunden ist und das überfällige Mahnmal, nach der Wahl 2020 von zwei Stadträtinnen angeregt, von allen Fraktionsvorsitzenden unterstützt und prompt umgesetzt wurde. Auch eine Gedenktafel für Klaus-Peter Beer ist mittlerweile in Planung.

Dass ein solcher oder ähnlicher Wegweiser mit demokratischen Werten, wie sie sich die Amberger Stadtgesellschaft auf die Fahnen geschrieben hat, an vielen anderen Orten in vielen anderen Städten angebracht und wünschenswert wäre, steht dabei ohnehin außer Frage.

Adresse am Vilssteg im Englischen Garten (zwischen Fronfestgasse und Pfalzgrafenring), 92224 Amberg | Anfahrt A 6, Ausfahrt Amberg-West, auf B 299 nach Amberg, dort rechts Richtung A 93 auf B 85 / Nürnberger Straße, links auf Kaiser-Wilhelm-Ring, links auf Sulzbacher Straße, auf dem öffentlichen Parkplatz (kostenpflichtig) parken, zu Fuß Richtung Altstadt, vor Stadttor links in den Englischen Garten | Tipp Entlang der Stadtmauer: Rund um das drei Kilometer lange, noch fast vollständig erhaltene »Ei«, wie die Stadtmauer aufgrund der Form auch genannt wird, sind wunderschöne Spazierwege entstanden.

26 Der Kreisel

Steine des Anstoßes

Schönheit liegt im Auge des Betrachters, heißt es, und mit der Kunst verhält es sich ähnlich: Was beim einen Bewunderung oder gar Erkenntnisgewinn auslöst, ist für den anderen eine ästhetische Beleidigung – oder zumindest so überflüssig wie ein Kropf.

Mit diesem Gedanken mache ich mich auf den Weg zum Ortseingang von Gailoh, wo inmitten eines neu angelegten Kreisverkehrs eine Skulptur des Künstlerduos Hanna Regina Uber und Robert Diem zu sehen ist. »Deutsch-amerikanische Freundschaft«, so lautete die Aufgabenstellung an die Künstler; ein bedeutungsvolles Schlagwort, das in der Region durch die Stationierung der US Army eine besondere Rolle spielte und spielt.

Ich gestehe: Der Zusammenhang erschließt sich mir nicht sofort, und auch der Titel des Kunstwerks, »connected«, will genauer betrachtet werden. Dabei ist die Skulptur durch ihre schiere Größe beeindruckend, und auch die instabile Konstruktion der Edelstahl-Kuben, die scheinbar jeden Moment einzustürzen droht – bis man eben erkennt, dass sie durch ein filigranes Drahtnetz stabilisiert wird –, ist bemerkenswert. Und dann, wie das manchmal so ist, ziehen die Gedanken weitere Kreise: Ein zerbrechliches Gefüge aus robusten Einzelteilen, das nur durch ein feines Netzwerk zusammenhält, erscheint mir nicht nur als Sinnbild für die deutsch-amerikanische, sondern auch für jede persönliche Freundschaft oder Beziehung, und, im größeren Kontext, für eine zunehmend instabiler wirkende Welt, deren wackliges Gefüge nur durch Verbindungen – hoffentlich! – gehalten wird.

Wie das so ist mit Kunst im öffentlichen Raum: Auch diese Skulptur ist umstritten, nicht alle sind begeistert von dem auffälligen Hingucker, und auch das eine oder andere harsche Wort ist Zeitungsberichten zufolge schon gefallen. Schade eigentlich.

Andererseits: Über Kunst darf natürlich diskutiert werden! Hauptsache, man bleibt »connected«.

Adresse Haager Weg / Gailoher Hauptstraße, 92224 Amberg | Anfahrt A 6, Ausfahrt Amberg-West, auf B 299 Richtung Amberg, dort rechts auf B 85, nach 850 Metern rechts Richtung Cham auf Hockermühlstraße, nach einem Kilometer rechts auf Haager Weg und geradeaus Richtung Gailoh (Parkplätze: 1. Ausfahrt im Kreisel auf Von-Scheffel-Straße) | Tipp Für Groß und Klein: Wer seinen Nachwuchs bei der Besichtigung bei Laune halten musste, indem er den Kreisel mehrmals karussellartig befährt, kann danach seinen elterlichen Pflichten bei einer Partie Minigolf auf entspanntere Art nachkommen (Malteserplatz 16).

27 Das Ammerbachtal

Zwischen Tragflächen und Ruinen

Mit über 8.500 an der Zahl besteht in Deutschland kein Mangel an Landschaftsschutzgebieten, ein besonders abwechslungsreiches aber lässt sich westlich des Amberger Stadtzentrums finden.

Mit der Schließung der Kaiser-Wilhelm-Kaserne verlor Amberg im Jahr 1999, nach über drei Jahrhunderten, seine Funktion als Garnisonstadt. Das Gelände rund um den kurvenreichen Flusslauf des Ammerbachs, bis zu diesem Zeitpunkt von der Bundeswehr als Standortübungsplatz genutzt, wurde an die Stadt übergeben, die damit ein weitgehend unberührtes Stück Oberpfälzer Juralandschaft erhielt.

Also »bloß« idyllische Natur? Mitnichten, das Gelände hat weit mehr zu bieten. Da ist zum einen der Flugplatz, der dafür sorgt, dass der Spaziergang durch die Auenlandschaft am Wochenende häufig von majestätisch durch die Lüfte schwebenden Segelfliegern begleitet wird. Ein sieben Kilometer langer landeskundlicher Rundweg versorgt die Spaziergänger mit zahlreichen Informationen und führt außerdem zu spannenden Zeugen der Vergangenheit: Die Mauerreste der Rammertshofer Mühle lassen zumindest noch die ehemalige Dimension des Bauwerks, 1961 wegen Einsturzgefahr abgebrochen, erahnen, und auf einer Anhöhe finden sich die Relikte des glücklosen Weilers Rammertshof, der 1965 zugunsten der Bundeswehr abgesiedelt wurde. Ursprünglich bestand er aus immerhin drei Bauernhöfen und einem Hüthaus. Auch Mauerreste einer aus der Zeit um 1200 stammenden Turmburg, die baulich in eines der drei Gehöfte integriert waren, sind noch zu sehen.

Mit »Maria Schnee«, erbaut im Jahr 1664, liegt zudem ein malerisches Kirchlein auf dem Rundweg, und auch ein Naturdenkmal, die markante Felsformation des Kreuzsteins, ist zu bewundern. Und wem all das noch nicht reicht, den lockt vielleicht die Aussicht auf weidende Schafe, die auf dem Gelände ab und an Station machen. Die wissen, wo's schön ist.

Adresse Nähe Ammerthaler Weg 51, 92224 Amberg-Lengenloh (Flugplatz) | Anfahrt A 6, Ausfahrt Amberg-West, B 299 Richtung Amberg, rechts auf B 85, links auf Speckmannshofer Straße (Beschilderung »Ammerthal«), nach 1,4 Kilometern erneut links (Beschilderung »Flugplatz«), dort parken und dem Rundweg folgen | Tipp Preisgekrönt: Die Confiserie Weber im nahe gelegenen Ort Ammerthal hat allerlei Delikatessen im Angebot, unter anderem eine prämierte Erdbeermarmelade mit Tonkabohnen (Dorfplatz 3, geöffnet Mo und Mi 7–16 Uhr, Di und Do 7–12.30 Uhr, Fr 7–17 Uhr, Sa 7–12 Uhr).

28 Der Parasolfelsen

Schwammerlsuche mal anders

Gemeinhin hofft man ja auf fette Beute in Form eines prall gefüllten Körbchens, dessen Inhalt zu Hause erst in der Pfanne und dann, mit dem Stolz des erfolgreichen Sammlers doppelt schmackhaft, im Magen landet, wenn man sich in Bayern auf den Weg »in die Schwammerl« macht. Bei diesem besonderen Exemplar im Auerbacher Bürgerwald aber liegt die Sache anders, dafür sorgen sowohl seine Beschaffenheit als auch die Größe des Parasols, der zuweilen – das ergibt sich ebenfalls aus seiner Form – auch Parapluie genannt wird. Aber ob nun Pilz, der seinen Namen natürlich ursprünglich ebenfalls der Schirmform verdankt, Sonnen- oder Regenschirm, das ganze acht Meter hohe Felsgebilde ist vor allem eines: reichlich bizarr anzusehen.

Dabei gibt es für die Entstehung des Parasolfelsens eine einfache Erklärung: Das Dolomitgestein ist nicht homogen, sondern im Bereich des »Stiels« deutlich kleinstückiger geklüftet – und dadurch weitaus verwitterungsanfälliger als der Hut.

Der direkte Weg zum steinernen Schwammerl ermöglicht es, dem imposanten Wunder der Natur ganz nahe zu kommen, der Blick fällt an dem Felsgiganten vorbei ins Tal auf einen Forstweg. Es empfiehlt sich aber, den Ort im Zuge einer Rundwanderung zu besuchen, denn ebendieser tiefer gelegene Forstweg offenbart eine andere, durchaus spannende Perspektive: Vom Fuß der Anhöhe aus kann man nicht nur den Parasolfelsen, sondern auch seinen nur wenige Meter entfernten Bruder betrachten, der, wenn auch in der Verwitterung noch nicht ganz so weit fortgeschritten, doch kaum weniger imposant ist.

Zwischen Juli und November bestehen übrigens gute Chancen, neben diesen beiden »Pilzen« auch Original-Parasole zu finden. Eine perfekte Gelegenheit also, nicht nur zu vergleichen, wie nah die Felsformation ihrem Namensgeber wirklich kommt, sondern auch – Wandern macht bekanntlich hungrig – das mitgebrachte Körbchen zu füllen!

Adresse Nähe Hohe Tanne 1, 91275 Auerbach in der Oberpfalz | **Anfahrt** A 9, Ausfahrt Pegnitz, auf B 470 / B 85 Richtung Auerbach, nach zehn Kilometern rechts, nach 2,5 Kilometern links auf Hohe Tanne, auf Besucherparkplatz parken und Eichkatzlweg folgen, an der Eichenschutzhütte entweder rechts direkt zum (ausgeschilderten) Parasolfelsen oder links zum Forstweg (Rundwanderung 8,4 Kilometer) | **Tipp** Naturdenkmal: Ein weiteres Argument für die komplette Rundwanderung ist der 30 Meter hohe Felsturm namens Rabenfels, einst vorgeschichtlicher Opferplatz, im Süden der Strecke.

29 Die Weide der Auerochsen

Erholsame »Ochsentour«

Bis zur Mitte der 1980er Jahre wurde dort, wo heute das Naturschutzgebiet »Grubenfelder Leonie« liegt, unter Tage Eisenerz abgebaut. In der Folge kam es zu zahlreichen Absenkungen und Einstürzen auf dem 87 Hektar großen Gelände, Menschen durften es nicht mehr betreten – was dazu führte, dass sich zahlreiche seltene Tier- und Pflanzenarten hier nun umso wohler fühlten. Um einer Bewaldung vorzubeugen, die den Lebensraum seltener Arten wieder verkleinert hätte, siedelte man im Jahr 2000 ganzjährig im Freien lebende Heckrinder an, bei denen es sich um eine Züchtung nach dem Vorbild der im 17. Jahrhundert ausgestorbenen Auer- beziehungsweise Urochsen handelt – und machte damit das Wappentier der Stadt Auerbach zum Star des Areals.

An einem sonnigen Sommertag lohnt die so titulierte »Ochsentour« besonders. Schon nach wenigen Metern kommt die entspannt weidende Herde in Sicht, die sich nach kurzer Skepsis neugierig nähert. Auch wenn dieser »moderne Auerochse« bezüglich der Größe nicht an sein historisches Vorbild heranreicht, ist man doch recht froh über den Zaun, der das Gehege umfasst. Schnell aber hat sich die Herde an ihre Besucher gewöhnt und ignoriert sie fürderhin nonchalant, und man muss sich beherrschen, um nicht an dieser Stelle der Ochsentour bereits hängen zu bleiben – ein schattiges Plätzchen und die Lässigkeit der Tiere haben eine angenehm beruhigende Wirkung.

Die Ochsentour erstreckt sich gut ausgeschildert über eine Länge von 2,6 Kilometern, führt auf gesichertem Weg (Vorsicht, Elektrozaun!) durch das Gehege – und gleicht eher einem erholsamen Spaziergang als dem, was man sonst unter einer Ochsentour versteht. Wer den richtigen Tag erwischt, erhascht noch einen Blick auf die ebenfalls hier angesiedelten Exmoor-Ponys, aber selbst wenn diese sich nicht zeigen – die »Auerochsen von Auerbach« und die üppige Natur entschädigen dafür reichlich.

Adresse Nähe Pfannmühlweg 1 (Schützenheim), 91275 Auerbach in der Oberpfalz-Degelsdorf | Anfahrt A 9, Ausfahrt Pegnitz, auf B 470 / B 85 Richtung Auerbach, nach 8,4 Kilometern auf B 470 Richtung Weiden / Auerbach-Nord, nach 1,5 Kilometern Abfahrt Auerbach-Nord und geradeaus auf Reichenbach, bei Kreuzung links bis Zum Pinzigberg, rechts auf Michael-Doser-Straße bis Pfannmühlweg, beim Schützenheim parken | Tipp Noch mehr Ruhe: Ab dem Ortseingang von Degelsdorf führt ein Kreuzweg zur Maria-Hilf-Kapelle auf dem Pinzigberg (Beschilderung »Obstlerrunde«, circa ein Kilometer).

30 Das Felsenlabyrinth

Eine Welt im Wald

Es gibt diese Orte, bei denen man sofort weiß: Keine Fotografie, kein noch so schwärmerischer Text kann die Magie dessen einfangen, was es abzulichten oder zu beschreiben gilt.

Einer dieser Orte ist das Sackdillinger Felsenlabyrinth, von dessen Besuch mich zwar bereits einige Fotos im Internet überzeugt haben; die beeindruckenden Dimensionen aber lassen die Abbildungen, so gut sie auch sein mögen, bestenfalls erahnen.

Die gut ausgeschilderte »Felsentour« durch den Krottenseer Forst führt auf einer Länge von 2,7 Kilometern durch das Labyrinth. Was als sanft hügeliger Weg durch mal dichteren, mal lichteren Wald beginnt, wandelt sich schon nach kurzer Strecke drastisch, nämlich dann, wenn man auf die ersten überraschenden Felsgiganten trifft, die sich plötzlich inmitten des Waldes auftun. Ein bisschen ist es, als würde man eine andere Welt betreten: Umgeben von absoluter Ruhe, von den Farben des Waldes beschattet, vermitteln die kühlen, mit Moosen und Farnen bewachsenen und majestätisch hoch aufragenden Dolomitfelsen eine nahezu unwirkliche Atmosphäre. Das Verwunschene und Geheimnisvolle dieses Ortes wird noch unterstrichen durch die zahlreichen Karsthöhlen in den Felsen, an denen der Weg vorbeiführt, zum Beispiel am Großen und Kleinen Bauernloch mit einer Ganglänge von 50 beziehungsweise 35 Metern. Staunend steht man inmitten der uralten grauen Riesen, fühlt sich dabei plötzlich selbst ziemlich klein und stellt wieder einmal fest, dass diese Region nordwestlich von Amberg zweifellos zu den landschaftlich schönsten der Frankenalb zählt.

Längst haben natürlich auch Kletterer die Schätze, die die Natur im nördlichen Frankenjura zu bieten hat, für sich entdeckt, das Felsenlabyrinth ist dabei aber nicht das am stärksten frequentierte Gebiet – ganz persönliche magische Momente der Stille lassen sich hier also noch bestens genießen!

Adresse Nähe Sackdilling 1, 91275 Auerbach in der Oberpfalz-Sackdilling | Anfahrt A 9, Ausfahrt Pegnitz, auf B 470/B 85 Richtung Auerbach, nach 16 Kilometern scharf links Richtung Sackdilling, in der Nähe des ehemaligen Forsthauses parken und der Beschilderung »Felsentour« in den Wald folgen | Tipp Reise in die Vergangenheit: Auch die Stadt Auerbach hatte der Bergbau einst fest im Griff, davon zeugt das »Bergbaumuseum Maffeischächte« mit seiner sehenswerten Außenanlage (Nitzlbuch 27e, geöffnet Mai – Sept. jeden 1. So 15 – 17 Uhr oder nach Anmeldung unter Tel. 09643/2433).

31 Die Höhle ohne Namen

Ein Ausflug in die Unterwelt

Wenn mich meine Arbeit eines lehrt, dann die Tatsache, dass unscheinbare Orte oft die größten Überraschungen verbergen. So ergeht es mir auch, als ich nach Steinamwasser fahre, einem eher verschlafenen Gemeindeteil der Stadt Auerbach, idyllisch gelegen an den Ausläufern der Fränkischen Schweiz im romantischen Flembachtal.

Ich parke vor dem Gasthaus »Zur frischen Quelle«, auf dessen Grundstück auch der Eingang zur Höhle liegt. Die Eigentümerin Frau Götz empfängt mich und führt mich zum Eingang der Höhle, der in einem kleinen Innenhof zu finden ist. Früher, erzählt sie und hebt einen Fußball auf, der vor der Eingangstür zur Höhle liegt, sei hier ganz schön was los gewesen. Mittlerweile aber scheint die Höhle bei der breiten Allgemeinheit ein wenig in Vergessenheit geraten zu sein.

Dabei ist an dieser Höhle, die mutmaßlich im Jahr 1844 erstmalig erwähnt wurde, nicht nur ihr einst provisorischer Name, der bis heute beibehalten wurde, außergewöhnlich: Mit einer Gesamtlänge der Gänge von über 500 Metern gehört sie zu den größten Karsthöhlen der Frankenalb. Vom Vorraum, der früher als Bierlager genutzt wurde, führt der Weg hinein in Finsternis und feuchte Luft. Bei Hochwasser wird die Höhle gelegentlich überschwemmt, neben Tropfsteinen finden sich hier tief im Fels auch Wasserbecken- und spalten, Hallen und bis zu zwölf Meter hohe Gänge. Die bleiben den Besuchern ohne entsprechende Höhlenerfahrung und Ausrüstung zwar verborgen, für den Laien beschränkt sich die gefahrlose mögliche Erkundung auf den vorderen Teil der Höhle. Und doch: Das Wissen, über welche Dimensionen sich diese unterirdische Parallelwelt insgesamt erstreckt, wird dadurch aber nur umso faszinierender.

Den Plan der gesamten Höhle gibt es – vorab online oder danach – auch im Gasthaus zu sehen, wo man den Besuch bei einem kühlen Getränk ausklingen lassen kann.

Adresse Steinamwasser 6, 91275 Auerbach in der Oberpfalz-Steinamwasser | Anfahrt A 9, Ausfahrt Pegnitz, auf B 470 / B 85 Richtung Auerbach, nach 8,4 Kilometern auf B 470 Richtung Auerbach-Nord, nach 1,5 Kilometern Abfahrt Auerbach-Nord und links abbiegen, nach zwei Kilometern links Richtung Steinamwasser, das Gasthaus steht links | Öffnungszeiten nach Anmeldung, Gasthaus »Zur frischen Quelle«: Frau Götz, Tel. 09643/1358, www.steinamwasser.de | Tipp Ganz schön wild: In 20 Minuten Fahrweite befindet sich das »Wildgehege Hufeisen«, wo sogar Mufflons zu bewundern sind (Forsthaus Hufeisen 1, 91257 Pegnitz, geöffnet März–Okt. 9–17 Uhr, Nov.–Feb. 9–16 Uhr, www.wildgehege-hufeisen.de).

32 Der Kanonier

Gut bewacht durch die Jahrhunderte

Man könnte meinen, er wolle auch heute noch die Weidlwanger beschützen – vielleicht ja sogar vor den benachbarten Oberfranken, deren Regierungsbezirk den kleinen Auerbacher Ortsteil fast schon umzingelt?

Nein, natürlich nicht, man lebt in Frieden zusammen an der oberpfälzisch-oberfränkischen Grenze. Die überlebensgroße Figur des Kanoniers auf ihrem steil aufragenden Felsen aus Frankendolomit geht jedoch auf eine Zeit zurück, die weit weniger friedlich war: Im Dreißigjährigen Krieg zitterten die Bewohner von Weidlwang vor den schwedischen Truppen, die 1635 aus Pegnitz heranrückten. Einem verwundeten kaiserlichen Soldaten, der sich zu diesem Zeitpunkt hier aufhielt, und seinem Einfallsreichtum ist es zu verdanken, dass sich die Weidlwanger nicht ihrer Angst ergaben, sondern auf eine List zurückgriffen. Sie schleppten einen Pflug, ein hölzernes Rohr und eine Strohpuppe in bayerischer Uniform auf den markanten Felsen – und hatten Erfolg. Wie beabsichtigt hielten die Schweden die Kanonen-Attrappe für echt, den Ort somit für gut bewacht, und verzichteten auf einen Angriff, während auf der anderen Seite der Pegnitz bereits die Häuser brannten. In ihrer Dankbarkeit errichteten die Bewohner 1649, also schon ein Jahr nach Kriegsende, zur Erinnerung an den verwundeten Soldaten und die glückliche Wendung von 1635 ihr einmaliges Denkmal auf dem Felsen.

Natürlich setzt ein derartig exponierter Standort auch dem stärksten Soldaten zu, sodass er seither immer wieder frisch gestrichen oder gar ganz erneuert werden musste, wofür seit seiner Gründung 1913 der ortseigene Kanonier-Verschönerungsverein sorgt. Im Jahr 2002 gab es die letzte »Wachablösung«, das jetzige Exemplar auf dem Felsen verfügt über ein Gardemaß von 3,06 Meter, wiegt stattliche 800 Kilogramm und wurde von einem Hubschrauber auf den Felsen gehievt. Eines steht also wohl fest: Weidlwang ist sicher.

Adresse Weidlwang, 91275 Auerbach in der Oberpfalz-Weidlwang | **Anfahrt** A 9, Ausfahrt Pegnitz, auf B 470/B 85 Richtung Pegnitz, nach 300 Metern links auf Weinstraße, nach 3,3 Kilometern rechts ins Ortszentrum von Weidlwang, der Felsen mit Kanonier befindet sich nach etwa 200 Metern links | **Tipp** Katzensprung: In unmittelbarer Nähe liegt die Urlaubsregion Fränkische Schweiz mit ihrer unverwechselbaren Landschaft. Der Luftkurort Pottenstein mit seinen malerischen Fachwerkhäusern, der Burg, einer Erlebnismeile und zahlreichen Wandermöglichkeiten eignet sich perfekt für einen Tagesausflug (www.pottenstein.de).

33 Das Johann-Flierl-Museum

Vom Bauernsohn zum Pionier-Missionar

Er ist der bekannteste Sohn der Gemeinde, und doch hat es gedauert, bis Missionar Johann Flierl, 1858 in eine Bauernfamilie in Buchhof bei Fürnried geboren, nicht nur am fernen Ort seines Wirkens, sondern auch in seiner Heimat entsprechend gewürdigt wurde. Mit dem hochwertig gestalteten Museum in der ehemaligen Dorfschule, die auch er selbst besuchte, hat man ihm nun aber ein spannendes Denkmal gesetzt.

Auch wenn sich auf die deutsche Kolonialgeschichte nicht unbeschwert zurückblicken lässt, lohnt es, die damit einhergehende Verbreitung des christlichen Glaubens in den kolonialisierten Gebieten differenzierter zu betrachten, das zeigt sich am Beispiel Flierls: Schon im zarten Alter von neun Jahren stand für ihn fest, dass er Missionar werden wollte, in ferne Länder reisen und den Einheimischen den protestantischen Glauben nahebringen. Die Voraussetzungen waren schwierig, dennoch schloss er mit 20 Jahren seine Missionarsausbildung in Neuendettelsau ab und verließ die Heimat, zunächst gen Australien. Ab 1886 wirkte er in Papua-Neuguinea, wo unter seiner Leitung bis zum Jahr 1930 18 Missionsstationen entstanden. 50.000 Einheimische hatten bis dahin bereits die Taufe empfangen, noch heute ist die dortige evangelisch-lutherische Kirche die größte lutherische Kirche im pazifischen Raum. Für Flierl gibt es dort sogar einen Gedenktag.

Seine Haltung war dabei eher vom Vorleben der christlichen Werte denn von Zwangsbekehrung geprägt. Auch den Kolonialherren, die er als ausbeuterisch empfand, stellte er sich entgegen – und musste dafür fortan auf entsprechende Versorgung verzichten. Im Museum lässt sich der abenteuerliche Lebensweg Flierls anhand zahlreicher Exponate nachvollziehen, der zweite Ausstellungsraum ist »seiner Insel« Papua-Neuguinea gewidmet.

Adresse Schulstraße 2, 92262 Birgland-Fürnried | Anfahrt A 6, Ausfahrt Sulzbach-Rosenberg, Richtung Lauterhofen / Schwend, nach 500 Metern rechts auf Hochstraße und sechs Kilometer bis Fürnried folgen, dort rechts auf Wurmrauscher Straße und wieder rechts auf Schulstraße | Öffnungszeiten nach Anmeldung, Frau Stollner: Tel. 09186/907906 oder gerda-stollner@web.de; im Vertretungsfall Pfarramt Fürnried: Tel. 09666/401 | Tipp Aussichtspunkt: Einen herrlichen Blick auf die Umgebung hat man vom Bärenfelsen, ein 1,7 Kilometer langer Fußweg ab Birgland-Frechetsfeld führt dorthin.

34 Die Burgruine

Ein mittelalterliches Waldgeheimnis

Die Oberpfalz und damit auch das Amberg-Sulzbacher Land sind reich an Burgen, Burgruinen und Schlössern – unsere Ahnen waren ziemlich fleißig, und viele ihrer baulichen Erzeugnisse sind heute wahre Touristenattraktionen, an denen sich an sonnigen Ausflugstagen die Besucher tummeln.

Spannender aber sind vielleicht die anderen, die gut versteckten, die man noch allein besuchen und besichtigen kann, und die genau deshalb oft eine abenteuerlichere und geschichtsträchtigere Atmosphäre umweht als ihre bekannteren Artgenossen. So zum Beispiel die Burgruine nahe der Ortschaft Poppberg, die zwar frei zugänglich ist, dabei aber recht vergessen auf dem bewaldeten Gipfel des gleichnamigen Berges steht. Wann und von wem sie erbaut wurde, ist nicht mehr gesichert zu klären, mutmaßlich kann ihre Errichtung den Grafen von Sulzbach im 13. Jahrhundert zugeschrieben werden. Die erste eindeutige Erwähnung stammt aus dem 14. Jahrhundert, als sie sich im Besitz Kaiser Karls IV. befand. Nach einer wechselvollen Zeit, in der die Burg – mutmaßlich im 15. Jahrhundert – bereits verlassen war, fiel sie 1505 zunächst dem Herzogtum Sulzbach zu, im Jahr 1791, als Ruine, dem bayerischen Staat.

Dabei beeindruckt die Lebensdauer derartiger Bauwerke, denn noch heute gibt es – trotz längst bedrohter Mauersubstanz – einiges zu sehen: Ein ehemaliger Wachturm, auf dessen vier Meter hoher Spitze sich im Zweiten Weltkrieg eine mit Flak-Soldaten besetzte Flugwache befand, thront auf einer Felsformation, am gut erhaltenen Hauptgebäude sind von den ursprünglich mutmaßlich vier noch drei Stockwerke sichtbar, und auch die Ringmauer ist gut zu erkennen.

Heute befindet sich die Burg nebst Gelände in Privatbesitz, die Besichtigung erfolgt auf eigene Gefahr. Mit einer großen Portion Vorsicht und Respekt vor fremdem Eigentum aber lässt sich auch dieses verwunschene Waldgeheimnis lüften!

Adresse Nähe Poppberg 3, 92262 Birgland-Poppberg | **Anfahrt** A 6, Ausfahrt Sulzbach-Rosenberg, Richtung Lauterhofen/Schwend, in Schwend rechts auf Zum Sportplatz und für knapp vier Kilometer bis Poppberg folgen, parken und zu Fuß auf Hauptstraße Richtung Alfeld, nach Ortsende Poppberg rechts auf den Feldweg, nach 260 Metern leicht rechts, nach 170 Metern rechts und dem Waldweg für weitere 200 Meter folgen | **Tipp** Burgenhopping: Ebenfalls sehenswert, wenn auch aufgrund ihrer guten Lage eindeutig belebter, ist die nahe gelegene Burgruine Lichtenegg (Lichtenegg 7).

35__Das Maulwerk

Wo Kaffee- auf Benzinduft trifft

Dass mir eines dieser unerwarteten Highlights bevorsteht, die man in der ländlich geprägten Umgebung Ambergs gar nicht mal so selten findet, erkenne ich schon bei meiner Ankunft in Schwend. Eine alte Shell-Zapfsäule vor dem Gebäude lässt keinen Zweifel aufkommen, dass ich hier richtig bin, die Fassade schafft das fast Unmögliche, nämlich gleichzeitig nach Werkstatt und einladend auszusehen. Und als Reinhold Schötz, der das zugehörige »Café Maulwerk« seit 2014 betreibt, mich in die rückwärtig gelegene Halle führt, gehen mir schier die Augen über: Hier reiht sich eine automobile Rarität an die nächste, die auf Hochglanz polierten Klassiker machen dem Oldtimer-Hotel, das museales Flair ausstrahlt, alle Ehre – zwischen Chevrolet, Pontiac und Plymouth weiß man gar nicht, wo man zuerst hinsehen soll. So fällt der Blick erst etwas später auf das einzige Fahrzeug, das sich nicht in bestem Zustand befindet, nämlich einen VW T1, Baujahr 1962, der ursprünglich dem Amberger Möbelhaus Frauendorfer gehörte und 2016, überwuchert und verwittert, aus einem Waldstück geborgen wurde.

Wem nach so viel Historischem der Sinn nach etwas Frischem steht, der stärkt sich im konsequent und geschmackvoll im Look der 1950er Jahre durchgestylten Café. Mit ein bisschen Glück wird der übrigens hervorragende Cappuccino nicht nur von Zucker versüßt, sondern auch von einem der Gäste, die den Anlass eines Maulwerk-Besuchs nutzen, um den eigenen Oldtimer und manchmal sogar das von der Bauzeit des historischen Wagens inspirierte Outfit auszuführen. Was sich hier in Schwend abspielt, hat Stil, und zwar bis ins letzte Detail.

Für die einen ist ein Besuch im Maulwerk ein gleichermaßen spannender wie sinnenfreudiger Ausflug in die Welt der Oldtimer, für die wahren Fans der mobilen Raritäten aber Ausdruck eines Lebensgefühls. So oder so kann man nur ein Prädikat verleihen: Unbedingt sehenswert!

Adresse Hauptstraße 14, 92262 Birgland-Schwend | Anfahrt A 6, Ausfahrt Sulzbach-Rosenberg, Richtung Lauterhofen / Schwend und der Straße für zwei Kilometer folgen | Öffnungszeiten Sa, So und feiertags ab 13 Uhr | Tipp Auf den Spuren Robin Hoods: Bogenschützen und solche, die es werden wollen (auch für Anfänger geeignet!), zieht es auf den Parcours in Birgland-Wolfertsfeld. Auch Kurse werden dort angeboten, Ausrüstung kann entliehen werden (Informationen und Kontakt unter www.bow-vision.de).

36 Die Hügelgräber

So ruhten die Kelten

Von den einst 21 Hügelgräbern dieses prähistorischen Friedhofs sind nur noch 14 kenntlich, das stellte bereits ihr Entdecker, der Heimatforscher Anton Dollacker, im Jahr 1911 fest. Und selbst an diesen 14 hatten sich zum damaligen Zeitpunkt längst Grabräuber zu schaffen gemacht. Dennoch hat hier etwas Bedeutendes eine wirklich lange Zeit überdauert: In der Zeit von 1600 bis 400 vor Christus schütteten die in ganz Europa siedelnden Kelten über den Gräbern ihrer Angehörigen Hügel auf – je größer, desto höher war der Status des Verstorbenen. Dabei erreichten die Hügel durchaus Durchmesser von 30 Metern und Höhen von bis zu drei Metern, zudem platzierte man Steinstelen auf den Hügeln.

Wo genau die Menschen lebten, die auf dem Grabhügelfeld bei Ebermannsdorf ihre letzte Ruhe fanden, lässt sich nicht mehr eindeutig belegen – von einer Siedlung wurden bislang keine Spuren gefunden.

Dass sich allerdings auch schon in prähistorischer Zeit die Menschen über ein Leben nach dem Tod Gedanken machten, belegen die gefundenen Grabhügel eindringlich: Im ihrem Inneren wurde häufig eine Grabkammer eingerichtet, in der der Körper des Verstorbenen oder seine Asche – je nach Sitte der Zeit – bestattet wurde, zudem pflegten die Kelten die Praxis der Grabbeigaben, meist persönliche Gegenstände wie Schmuck oder Waffen, sodass der Verstorbene seinen Status auch im Jenseits aufrechterhalten konnte. Dass dieser Brauch auch in Ebermannsdorf Grabräuber anlockte, ist also nicht verwunderlich.

Die Steinkränze, welche die Gräber auch heute noch umgeben, markierten dabei die Grenze zwischen den Lebenden und den Toten. Einblicke also in Zeiten, deren Lebensrealität wir uns heute kaum mehr vorstellen können, und zudem Gelegenheit, sich angesichts der von den vergangenen Jahrtausenden getilgten sterblichen Überreste die Bedeutung der Vergänglichkeit vor Augen zu führen.

Adresse zwischen dem Gewerbegebiet Schafhof und 92263 Ebermannsdorf | Anfahrt A 6, Ausfahrt Amberg-Ost, auf B 85 Richtung Ebermannsdorf fahren und entsprechend der Beschilderung gleich wieder abfahren, rechts Richtung Ebermannsdorf, nach 2,3 Kilometern wieder rechts (Beschilderung »Hügelgräber«) | Tipp Altes Handwerk: Direkt neben den Hügelgräbern befindet sich der Köhlerplatz des Köhlerfreunde Ebermannsdorf e. V. mit einem sehenswerten Kohlenmeiler und spannenden Infos zu diesem traditionellen Handwerk.

37 Der Lost Place

Wo das Fotografenherz höherschlägt …

Wer der Schönheit des Verfalls etwas abgewinnen kann, den wird dieses verlassene, einsam auf einem Feld stehende Häuschen immer in seinen Bann schlagen. Der volle Zauber offenbart sich jedoch erst bei wiederholtem Besuch, zu unterschiedlichen Jahreszeiten und somit wechselnden Witterungsbedingungen.

Fällt im Sonnenschein, bei weiß-blauem Himmel und einem Feld in voller Blüte, vor allem der harte Kontrast zwischen der tragischen Ruine als Sinnbild der Vergänglichkeit einerseits und der idyllisch sattgrünen Landschaft andererseits ins Auge, so senkt sich im Winter mit der Schneedecke zugleich tiefe Melancholie über das Gebäude. Im herbstlichen Nebel jedoch, oder bedroht von tief hängenden, heranziehenden Gewitterwolken, ist es umgeben von einer schaurigen Atmosphäre, die jedem Hexenhaus zur Ehre gereichen würde. So ist es auch nicht verwunderlich, dass sich dieser kleine Lost Place zu einem begehrten Fotomotiv entwickelt hat, von dem mittlerweile so einige Aufnahmen kursieren, die völlig unterschiedliche Stimmungen einfangen.

Eine Hexe hat hier übrigens nie gelebt, stattdessen aber die Helfer, die sich ihr täglich Brot mit der Arbeit in der nahe gelegenen Landwirtschaft in Niederarling verdienten, zu der das Häuschen – oder vielmehr die Ruine – nach wie vor gehört. Seit dem Jahr 1965 steht es jedoch leer und trotzt – noch – dem heftig nagenden Zahn der Zeit, dem allerdings in weiten Teilen bereits das Dach zum Opfer gefallen ist. Dennoch erlaubt ein Blick durch die Fenster auf das noch vorhandene, wenn auch größtenteils arg ramponierte Interieur zumindest den phantasiebegabteren Besuchern eine kleine Vorstellung davon, wie sich das einfache Leben hier einst abgespielt haben mag. Schon allein deshalb bleibt zu hoffen, dass das Häuschen noch möglichst lange alle Widerstandskraft aufbietet, um bildgewaltig von Vergangenheit und Vergänglichkeit zu erzählen.

Adresse an der B 85 Nähe 92263 Ebermannsdorf-Niederarling | Anfahrt A 6, Ausfahrt Amberg-Ost, auf B 85 Richtung Schwandorf, das Haus steht nach knapp acht Kilometern (nach Abzweig Pittersberg und Waldstück) rechts im Feld (Alternative zu den Parkbuchten der B 85: abseits der B 85 auf einem Feldweg parken und zu Fuß zum Haus) | Tipp Stadtbummel: Das nur rund fünf Kilometer entfernte, lebhafte Stadtzentrum von Schwandorf lädt zum Shoppen und Flanieren ein!

38__Die Industriehalle

Wald und Science-Fiction

Es ist kein Geheimnis, dass die Oberpfalz, früher infrastrukturelles und ökonomisches Sorgenkind, stark aufgerüstet hat, und das in den vergangenen Jahrzehnten nicht nur wirtschaftlich, sondern auch architektonisch: Kreative Architekten und ihre außergewöhnlichen Prestigebauten – allen voran Peter Haimerl mit seinem Konzerthaus in Blaibach – rücken zunehmend in den Fokus der Öffentlichkeit. Doch auch wenn nicht der heimische Stararchitekt für ein Bauwerk verantwortlich zeichnet oder der Standort nicht automatisch ein hohes Maß an Aufmerksamkeit generiert, kann mutige, sehenswerte Architektur entstehen – obwohl sie dann meist freilich nicht den gleichen Bekanntheitsgrad erreicht.

Ein solcher Fall ist diese Industriehalle im Industriegebiet Schafhof, erbaut im Jahr 2002 von der renommierten, mittlerweile verstorbenen französischen Architektin Françoise-Hélène Jourda, die dem nachhaltigen Bauen schon früh große Bedeutung beimaß. Die Lage am Rande des Industriegebietes, an den Wald grenzend, ermöglicht dabei das Besondere: Von vorne ist das quaderförmige Gebäude mit seiner weitgehend schwarzen, teilweise durchbrochenen Fassade zwar ein Hingucker, aber erst die rückwärtige Seite, die sich bei einer Umrundung in gewaltiger Dimension vor dem Betrachter auftut, offenbart die Absicht der Architektin. Zu einer Seite liegt dichter Wald, zur anderen die (diesmal nicht durchbrochene) futuristisch-schwarze Fassade mit grober, wuchtiger Struktur, die in ihren Formen die gegenüberliegenden Bäume widerspiegelt. Damit schafft das Gebäude mit einer Länge von 150 Metern das fast Unmögliche, nämlich einerseits wie ein Fremdkörper und gleichzeitig bestens in die Landschaft integriert zu wirken.

Auch wer moderner Architektur nichts abgewinnen kann, wird von der homogenen Wucht des Bauwerks zumindest beeindruckt sein. Die anderen könnten sogar ins Schwärmen geraten.

Adresse Jubatus-Allee 1, 92263 Ebermannsdorf (Industriegebiet Schafhof II) | **Anfahrt** A 6, Ausfahrt Amberg-Ost, auf B 85 Richtung Amberg-Ost, nach 750 Metern abfahren Richtung Schwarzenfeld / Schafhof II, links und nach 270 Metern erneut links Richtung Schafhof II, nach 850 Metern im Industriegebiet leicht rechts auf Jubatus-Allee, nach 300 Metern rechts | **Tipp** Alte Architektur: In Ebermannsdorf ist von der im 11. Jahrhundert erstmalig erwähnten Eberburg heute noch der außergewöhnliche achteckige Bergfried zu sehen (nicht zugänglich; Kirchberg).

39 Die Kamelranch

Willkommen im Wilden Westen!

Neben Pferden und Rindern soll es auf der weitläufigen Ranch von Uschi und Alfons Heindl im beschaulichen Eberhardsbühl auch Kamele geben. Wüstenschiffe im Herzen der Oberpfalz? Wenn das mal nicht die perfekte Gelegenheit für einen Familienausflug ist!

Vor Ort stellt man zweifellos fest, dass die »Ranch« der Heindls diese Bezeichnung mehr als verdient: dekorative alte Wagenräder, abgelegte Cowboyhüte und wandverschönernde Hufeisen, wohin das Auge blickt. Auch Alfons Heindl entpuppt sich schnell als waschechter Cowboy, und man wäre nicht verwundert, würde er seine Gäste im breitesten texanischen Slang begrüßen. Aber seien Sie unbesorgt, er bleibt beim Bayerischen, auch wenn es auf die große, in die hügelige Landschaft eingebettete Koppel geht, wo Pferde, Hochland- und Texas-Longhorn-Rinder und Kamele friedlich zusammenleben.

»Die Pferde sind die Chefs«, erklärt Heindl, und so ist es nur naheliegend, zuerst ebendiesen Herrschern der Koppel mit ein paar Streicheleinheiten Tribut zu zollen. Dann aber wendet man sich den Kamelen zu, die als Letzte zur Herde stießen und wenn schon nicht die Chefs, so doch allein aufgrund ihrer Exotik die eigentlichen Stars in Eberhardsbühl sind. Etwaige Scheu vor den durchaus majestätisch großen Tieren schwindet erfahrungsgemäß rasch, die Wüstenschiffe erweisen sich zwar als vorwitzig, spätestens bei der Trekkingtour aber zeigt sich ihr überaus gutmütiger Charakter.

Das Ehepaar Heindl hat sich eindeutig die sowohl entspannte als auch abenteuerliche Wildwest-Variante des American Way of Life in die Heimat geholt – und damit sich, aber bestimmt auch so manchem Besucher einen großen Traum erfüllt. Für Verblüffung sorgt allerdings die Tatsache, dass Alfons Heindl selbst die USA noch nie bereist hat. Andererseits: Wozu auch? Den Wilden Westen gibt es schließlich auch in Eberhardsbühl – und Kamele als Zugabe noch obendrauf!

Adresse Eberhardsbühl 5, 92265 Edelsfeld-Eberhardsbühl | Anfahrt A 6, Ausfahrt Sulzbach-Rosenberg, Richtung Sulzbach-Rosenberg, wo die Straße zur B 14 wird, nach 1,8 Kilometern links auf Rosenberger Straße / B 14, nach 550 Metern rechts auf Bayreuther Straße / B 14 Richtung Hahnbach, nach 3,2 Kilometern links, nach drei Kilometern rechts Richtung Eberhardsbühl, nach 2,1 Kilometern links Richtung Eberhardsbühl, die Ranch liegt rechts | Öffnungszeiten Kameltrekking auf Anfrage, Alfons Heindl: Tel. 0176/31426843, www.dirty-tracks.de | Tipp Freilandmuseum: Nebenan liegt der 1767 errichtete Goglhof, der Einblicke in das frühere bäuerliche Leben gewährt (geöffnet April – Okt. 2. So im Monat 14 – 16 Uhr und nach Vereinbarung, Tel. 09664/8276, Eberhardsbühl 6).

40__Die Käserei

Immer der Nase nach

Nicht zum ersten Mal stoße ich im regionalen Handel auf die Spezialitäten der Biokäserei Wohlfahrt, und als ich entdecke, dass sich diese Käserei mit Hofladen in der Nähe von Amberg im kleinen Weißenberg befindet, gibt es kein Halten mehr: Ich kündige meinen Besuch an und werde von Magdalena Wohlfahrt, der Juniorchefin, mit offenen Armen empfangen.

Schon 1991/92 gab es auf dem Hof der Familie Wohlfahrt die ersten Versuche, aus der eigenen Kuhmilch Biokäse herzustellen. Aus anfänglichen, durchaus gelegentlich auch glücklosen Experimenten entwickelten sich in der »Hexenküche« nach und nach schmackhafte Rezepte, die Nachfrage wuchs stetig, und auch der Output vergrößerte sich, sodass 2011 die eigene Viehhaltung aufgegeben wurde, um sich ganz auf die Käseproduktion zu konzentrieren. Die Milch, mittlerweile von Kuh, Schaf und Ziege, bezieht die Käserei, die nach wie vor als Familienbetrieb geführt wird, dabei von regionalen Biomilcherzeugern.

Und dann lässt Magdalena Wohlfahrt, die sich schnell als freundliches Energiebündel entpuppt, im neu errichteten, hochmodernen Käsereigebäude die Katze aus dem Sack: Seit Kurzem gibt es hier auch Führungen, von einer Empore aus lässt sich nahezu der gesamte Prozess überschauen und nachvollziehen. Und es gibt so einiges zu sehen: Rund 4.000 Liter Milch werden hier täglich verarbeitet, neben zahlreichen anderen Produktionsmitarbeitern beschäftigt die Familie Wohlfahrt mittlerweile drei Käser. Nur der Vollständigkeit halber: Es macht Spaß zuzusehen, denn die Stimmung im Betrieb ist launig und persönlich – wenn hier die Milch sauer wird, dann liegt es sicher nicht an griesgrämigen Mitarbeitern.

Natürlich darf auch die abschließende Verkostung der Käseerzeugnisse nicht fehlen, und wer dann überzeugt ist und einkaufen möchte, bekommt dazu ebenfalls Gelegenheit. Wenn ich wetten darf: Sie möchten.

Adresse Weißenberg 1, 92265 Edelsfeld-Weißenberg | Anfahrt A 6, Ausfahrt Sulzbach-Rosenberg, Richtung Sulzbach-Rosenberg, wo die Straße zur B 14 wird, in Sulzbach-Rosenberg rechts (auf B 14 bleiben), nach 10,3 Kilometern rechts auf Hirschbachstraße, in Edelsfeld rechts auf Weißenberger Straße, nach 2,4 Kilometern in Weißenberg rechts, Hof mit Hofladen sowie Käserei links | Öffnungszeiten Hofladen: Do 15–18 Uhr, Fr 9–12 und 14–18 Uhr, Führungen auf Anfrage unter Tel. 09665/8126 oder info@biokaeserei-wohlfahrt.de | Tipp Im Zeichen Kneipps: Am Hahnenkamm (Sulzbacher Straße ortsauswärts, beim Sportgelände) findet man den drei Kilometer langen Kneipp-Rundweg mit Kräutergarten, auch Wanderungen zu den beiden Kneippbecken (Nähe Vögelas, Naturbecken, oder Nähe Steinling 40) sind von dort aus möglich.

41 Das Landschaftskino

Täglich wechselndes Programm inklusive

Wer an diesen Ort kommt, hat entweder einen beschwerlichen Aufstieg über die Steinerne Treppe (Ort 44) oder den daneben gelegenen Kreuzweg absolviert oder zumindest einen kurzen Spaziergang am Eggenberg hinter sich gebracht und sich somit eine Verschnaufpause der Extraklasse redlich verdient. Und genau die ist es, die sich hier im insgesamt vierten Landschaftskino im Juradistl-Gebiet, eingeweiht im Sommer 2019, auf ganz besondere Art verbringen lässt.

Nehmen Sie auf einem der stilechten, hölzernen Kino-Klappstühle Platz und genießen Sie den Film, der sich vor Ihnen auftut, mit seinem fast unbeweglichen und doch an Entdeckungen so reichen Bild! Im Zentrum steht der historische Ortskern Ensdorfs mit dem Stephansturm (Ort 45) und der barocken, schon allein durch ihre schiere Größe beeindruckenden Klosteranlage. Lässt man den Blick schweifen, so zeigt sich rundum ein buntes Panorama aus Weiden, Wiesen und Wäldern bis hin zum Schustertal. Welch großen Schatz die Natur hier für uns bereithält! Der Blick nach oben offenbart den endlosen Himmel, der die Stimmung der gesamten Szenerie bestimmt – ob nun blau-beschwingt mit zarten Wattewölkchen oder in einer dramatischeren Variante; und all das wird malerisch umrahmt von den Bäumen des Hirschwalds, die diesen fulminanten Bildausschnitt gekonnt in den Mittelpunkt rücken.

Wer bei jedem Kinobesuch grundlegend schnelle Schnitte und actiongeladene Szenen erwartet, ist hier recht eindeutig an der falschen Stelle. Wer aber die leisen Töne mag, ganz bewusst die Stimmung der Landschaft und der Natur mit all ihren Facetten, die Schönheit dieses Fleckchens Erde auf sich wirken lassen will, wer sich die Zeit nimmt, zu betrachten und zu entdecken, der wird hier, noch dazu mit freier Auswahl der Dauer, bei kostenlosem Eintritt und in absoluter Stille, garantiert auf seine Kosten kommen. Film ab!

Adresse Nähe Eggenbergweg 11, 92266 Ensdorf | **Anfahrt** Möglichkeit 1: via Ort 43, detaillierte Beschreibung dort; Möglichkeit 2: in Ensdorf rechts Richtung Eggenbergweg und gleich wieder links auf Hirschwaldstraße, auf dem Eggenberg nahe der Kirche parken, zu Fuß auf dem in der Kurve abzweigenden Wanderweg in östliche Richtung (circa 400 Meter) | **Tipp** Ich bin dann mal weg: Auch über das Landschaftskino und den Eggenberg führt ein Teil des Jakobsweges, der ja vielmehr ein ganzes Wegenetz ist. Wen es also nach Santiago de Compostela oder gar darüber hinaus zieht: Hier ist die Gelegenheit.

42 Der Rammertsbrunn

Lebensraum Karstquelle

Es ist ein beschauliches Idyll an der Vils, das umso gelegener kommt, je länger der Weg ist, den man – per pedes oder Fahrrad – bereits zurückgelegt hat: Hier lässt es sich nicht nur in wunderschöner Umgebung rasten, hier sorgt auch noch frisches Quellwasser für die an warmen Tagen heiß ersehnte Erfrischung.

Laut einer Erhebung in den 1990er Jahren existieren im Einzugsbereich der Vils noch gut 100 Quellen, die meisten wurden jedoch längst künstlich verändert. Auch diese Karstquelle, den Rammertsbrunn, hat man Anfang des 20. Jahrhunderts im Zuge des Eisenbahnbaus verrohrt und verdeckt, erst 2008 wurde der Quellauslauf auf Initiative des Heimat- und Kulturvereins Ensdorf wieder sichtbar gemacht. Entstanden ist ein naturnah restauriertes Plätzchen, das neben dem Rastsuchenden auch zahlreichen Tieren, die sich auf kaltes, nährstoffarmes Wasser als Lebensraum spezialisiert haben, eine Anlaufstelle bietet. Tatsächlich herrscht ganz munteres Treiben an der Quelle, nicht nur im Wasser, wo ich im durch Dolomit-Findlinge von der Vils abgetrennten Quellbereich einige Exemplare der Quellschnecke entdecke. Auch in der Luft tanzen an diesem Tag die Schmetterlinge und schwirren Libellen umher, und so fühlt man sich – wie so oft im Gebiet des Hirschwalds – trotz des Rad- beziehungsweise Wanderwegs im Rücken völlig eins mit der Natur, quasi mittendrin statt nur dabei, nicht als Störenfried, sondern als selbstverständlicher Teil des Ganzen.

Der Name dieser Karstquelle weist übrigens auf ihre frühere Bedeutung als Bestandteil der Ensdorfer Wasserversorgung hin: Das altbayerische »Rammer« steht für »Schafbock«, das Quellwasser (von sehr guter Qualität, wenn auch nicht als Trinkwasser ausgewiesen) kam auch dem Vieh zugute.

Eine Schautafel am Weg liefert weiterführende Informationen zu diesem idyllischen Ort mit Entschleunigungsgarantie.

Adresse Nähe Eggenbergweg 11, 92266 Ensdorf | Anfahrt A 6, Ausfahrt Amberg-Süd, Richtung Schmidmühlen / Rieden und bis Ensdorf folgen, in Ensdorf rechts Richtung Eggenbergweg, parken, dem Fünf-Flüsse-Radweg an der Vils in nördlicher Richtung für circa 750 Meter folgen | Tipp Die Vils im Fokus: Wer von diesem Fluss nicht genug bekommt, der hat auf einer Fahrt mit der Plätte in Amberg Gelegenheit, die Perspektive vom Wasser aus zu genießen (Abfahrt ab Drahthammerwiese oder Schiffbrücke / Altstadt, Informationen auf www.tourismus.amberg.de unter »Amberg erleben«).

43 Die Steinbergwand

Das steinzeitliche Wohnzimmer

Ensdorf ist eine wahre Fundgrube für Entdecker, heute genau wie damals im Jahr 1930, als der Salesianerpater Dr. August Pils, unterstützt von zwei Novizen, an dieser auffällig vorspringenden Felswand bei Grabungen auf mittelsteinzeitliche Werkzeuge stieß. Zwar wusste er seinen archäologischen Fund, obwohl er ihm durchaus gewichtig erschien, nicht richtig zu deuten, doch ein hinzugezogener Spezialist fand Antworten: Die Klingen und Spitzen aus Hornstein, aber auch Knochen, zum Teil ebenfalls zu Werkzeugen verarbeitet, ließen den Schluss zu, dass die Steinbergwand den in der Steinzeit auf Nahrungssuche umherziehenden Menschen als Lager diente. In drei Hauptbesiedelungszeiten – der späten Altsteinzeit vor circa 12.000 Jahren, während der Mittelsteinzeit vor circa 7.000 bis 5.000 Jahren und erneut während der Hallstattzeit um 750 bis 500 vor Christus – suchten die Menschen hier Schutz und Zuflucht.

Dabei bot der Ort gleich mehrere Vorteile: Die Gegebenheiten der Felswand stellten eine natürliche Überdachung dar, der für die Werkzeuge benötigte Hornstein (oder Feuerstein) ist im Vilstal häufig zu finden, und auch die Nähe zum Wasser und seinen reichen Fischvorkommen mag ein Grund für diesen Standort gewesen sein. Mutmaßlich »verlängerten« die Steinzeitmenschen das natürliche Felsdach durch den Anbau einer Hütte, auch zwei einstige Feuerstellen – eine nah an der Wand, die zweite etwas weiter entfernt – wurden nachgewiesen.

Für diejenigen, denen es trotz dieses Wissens schwerfällt, ihrer Phantasie Bilder der damaligen Geschehnisse abzuringen, gibt es neben weiteren Informationen auch eine Durchschautafel, die eine Steinzeitfamilie vor Ort am Feuer platziert. Spätestens dann also erschließt sich auch ganz plastisch die Historie dieser, so die Schlussfolgerungen des Entdeckers, drittältesten nachgewiesenen Kulturstätte der Oberpfalz.

Adresse Nähe Eggenbergweg, 92266 Ensdorf | **Anfahrt** A 6, Ausfahrt Amberg-Süd, Richtung Schmidmühlen / Rieden und bis Ensdorf folgen, in Ensdorf rechts Richtung Eggenbergweg, parken, dem Fünf-Flüsse-Radweg an der Vils nach Norden für circa einen Kilometer folgen, links auf Anhöhe, wo sich die Steinbergwand befindet | **Tipp** Fast wie in der Steinzeit: Selbst gebaute Harpunen haben zwar ausgedient, an der Vils darf aber nach wie vor geangelt werden. Tageskarten gibt es im »Das Lädchen« (Hauptstraße 6, geöffnet Mo – Fr 7.45 – 12 Uhr, Di – Fr auch 14 – 18 Uhr, Sa 7.45 – 11 Uhr) oder online über den Fischereiverein Schmidmühlen (www.fvschmidmuehlen.alfahosting.org).

44 Die Steinerne Treppe

Monumental in Wort und Bild

Stolz schallt der Ruf von oben herab: »213!« So stolz sogar, dass man nicht wagt zu widersprechen, obwohl bei der Zählung irgendwo fünf Stufen verschütt gegangen sein müssen: Insgesamt 218 sind es nämlich, die über die Kreuzwegtreppe den Kalvarienberg nach oben führen, als Teil des Weges zur Wallfahrtskirche St. Dionys und Nothelfer auf dem Eggenberg. Wie passend, dass sie auch »Steinerne Treppe« genannt wird – das klingt schlicht und monumental zugleich; phantasiebegabte Geister können sich bestimmt vorstellen, wie Frodo in »Herr der Ringe« auf dem Weg zum Schicksalsberg als letztes Hindernis die sagenumwobene Steinerne Treppe mit ihren 5.000 … nun gut, mit ihren 218 Stufen erklimmen muss, bevor er den Ring endgültig den vernichtenden Feuern übergibt.

Der Auftrag zum Zählen jedenfalls hat seinen Zweck erfüllt und sei somit allen empfohlen, die mit unmotivierten jüngeren Haushaltsmitgliedern unterwegs sind: Die Herausforderung wurde im Rekordtempo bewältigt, trotz des – passend zum Kreuzweg – Seufzens und Wehklagens, das zunächst angesichts der fast schon in den Himmel wachsenden Treppe riesengroß war. Eher bewundernd dürfte das Seufzen Erwachsener ausfallen: Der Anblick der Treppe vom Fuße aus ist monumental, die Atmosphäre ganz besonders, zwischen den Bäumen licht und luftig, ein bisschen magisch und verwunschen, beim Blick nach oben leicht schwindelerregend. Mehr Bruchtal als Mordor im Übrigen. Und nach Wehklagen ist dem erwachsenen Besucher, wenn überhaupt, wohl erst auf den letzten Stufen zumute, wenn vielleicht langsam die Luft knapp wird.

Und doch sollte man den Aufstieg keinesfalls scheuen, denn oben auf dem Kalvarienberg erwarten einen zum Glück nicht die aus dem Krater züngelnden Flammen des Schicksalsbergs, sondern neben dem Erfolgserlebnis und einer Kreuzigungsgruppe auch das Landschaftskino mit seiner spannenden Aussicht (Ort 41).

Adresse Nähe Eggenbergweg 11, 92266 Ensdorf | Anfahrt A 6, Ausfahrt Amberg-Süd, abbiegen Richtung Schmidmühlen / Rieden, bis Ensdorf folgen, in Ensdorf rechts Richtung Eggenbergweg und gleich wieder rechts, um auf Eggenbergweg zu bleiben, die Treppe befindet sich am Ende der Straße | Tipp Glück auf zwei Rädern: Am Fuße des Berges verläuft der Fünf-Flüsse-Radweg, mit dieser empfehlenswerten und abwechslungsreichen Etappe durch die malerischen Auen der Vils (Informationen unter ww.fuenf-fluesse-radweg.info).

45_Der Stephansturm

Faltenfreier Methusalem

Wenn dieser Turm erzählen könnte … Es wäre wohl eine ziemlich lange Geschichte, die damit beginnen würde, dass er zur Zeit seiner Erbauung nicht nur, wie heute, über einen Friedhof wachte. Zwar wurde der Stephansturm schon damals, um das Jahr 1075, als sogenannter »Campanile«, freistehend errichtet, er gehörte jedoch zu einem Kirchenbau, der laut archäologischen Untersuchungen auf das 10. Jahrhundert zurückging. Auch im 12. und im 14. Jahrhundert wurden dem Turm neue Kirchenbauten zur Seite gestellt: Die zuletzt errichtete Pfarrkirche St. Stephan überdauerte sogar mehrere Jahrhunderte, fiel jedoch 1805 der Säkularisation zum Opfer, während die schräg gegenüberliegende Klosterkirche St. Jakob zur neuen Pfarrkirche wurde.

Noch bevor das Ensdorf so prägende Kloster 1121 gegründet wurde, gab es also bereits eine Ansiedlung, die zudem noch relativ bedeutend und wohlhabend gewesen muss – ansonsten wären die Kirche und der Stephansturm, übrigens von Beginn an mit einem Glockengeschoss mit mehreren Glocken ausgestattet, nicht aus Stein erbaut worden. Nach dem Abriss der zugehörigen Kirche wurde zwar 1863 die Baufälligkeit des Turms festgestellt, dennoch blieb er erhalten, wenn auch kaum beachtet. Aus seinem fast 150 Jahre andauernden Dornröschenschlaf erwachte er leider nicht glänzend erholt, sodass eine Gruppe von Ensdorfern dringenden Handlungsbedarf sah: Spendengelder ermöglichten im Jahr 2003 den Einbau einer hölzernen Innentreppe, um eine mögliche Sanierung im Vorfeld zu vereinfachen, 2009/10 konnte die umfangreiche Restaurierung mit Hilfe von Fördergeldern behutsam durchgeführt werden.

Seither erstrahlt der Ensdorfer Campanile wieder in neuem alten Glanz, das nötige Facelifting hat ihn – als einen der ältesten frei stehenden Kirchtürme Bayerns – wieder nahezu seiner ursprünglichen Form von 1075 zugeführt.

Adresse Stephansplatz, 92266 Ensdorf | **Anfahrt** A 6, Ausfahrt Amberg-Süd, Richtung Schmidmühlen/Rieden bis Ensdorf, dort links auf Hauptstraße, vor dem Kloster (Hauptstraße 9) parken, der Hauptstraße zu Fuß für gut 50 Meter folgen, dann rechts auf Stephansplatz | **Tipp** Klosterleben: Unbedingt sehenswert ist das gesamte Klostergelände, unter anderem mit der Pfarrkirche St. Jakobus, einem Kneippbecken und einem kleinen Kräutergarten (Hauptstraße 9).

46 Der Waldwichtelweg

Ein Herz für Kinder – und deren Eltern

Gegen einen Spaziergang an sich gibt es nichts einzuwenden, und sogar dass man in Pandemiezeiten auf der Hausstrecke jeden Grashalm persönlich kennt, lässt sich für Erwachsene meist einigermaßen ausblenden. Mit Kindern, denen der Sinn des Gehens um des Gehens willen leider oft genug verborgen bleibt, bedeutet der sogenannte Spaziergang aber manchmal vor allem eines: harte Motivationsarbeit.

Mit Begeisterung preist man also dem Haushaltsmitglied im Grundschulalter den in die geplante Wanderung integrierten Waldwichtelweg als absolutes Ober-Mega-Highlight an. Im gleichen Moment steigt leise Panik auf, zumal Waldwichtel, diese knorrigen alten Baumstümpfe, die mit aufgemaltem Gesicht den Vorüberschlendernden ein Lächeln ins Gesicht zaubern, nichts wirklich Neues sind. Aber … mehr als ein Lächeln? Oder anders gefragt: Lässt sich damit heutzutage noch ein an unsere schnelle Welt gewöhntes Kind begeistern?

Und dann geschieht das Wunderbare: Schon kurz nach dem Start schwinden die Bedenken. Was langsam mit einzelnen Stationen beginnt, steigert sich zunehmend, bald jagt ein Wichtel den nächsten, zu den umgestalteten Baumstümpfen gesellen sich Gartenzwerge und andere Figuren in liebevoll gearbeiteten Behausungen, zu Ostern verirren sich sogar Häschen auf die Strecke, und während das plötzlich hoch motivierte Grundschulkind jauchzend von Station zu Station galoppiert, erfreuen sich die Eltern an diesem wunderschönen Stück Hirschwald, durch den sie ganz ohne lästige Durchhalteparolen spazieren dürfen. Spätestens bei der Spieluhr angekommen, packt es schließlich alle: Man muss nicht jung sein, um die nächste Station gespannt zu erwarten, und mit 700 Meter Länge und ausgiebiger Betrachtung aller Wichtel ist man tatsächlich eine Weile beschäftigt.

Fazit: Sowohl für das echte Kind als auch für das eigene innere – ein Riesenspaß!

Adresse Nähe Eggenberg, 92266 Ensdorf | **Anfahrt** A 6, Ausfahrt Amberg-Süd, Richtung Schmidmühlen/Rieden bis Ensdorf, dort rechts auf Hirschwaldstraße, gleich wieder links, um auf Hirschwaldstraße zu bleiben, die im späteren Verlauf zu Eggenberg wird, der Waldwichtelweg zweigt 1,2 Kilometer nach der Wallfahrtskirche (bei der Hubertuskapelle) links ab | **Tipp** Rundwanderung: Die Orte 45, 44, 41 und 46 lassen sich mit Start im Ortskern von Ensdorf zu einer 7,4 Kilometer langen Rundwanderung verbinden, der Rückweg führt an Palkering vorbei, über Schön und die Hirschwaldstraße.

47 Die Hirschmarter

Bloß ein Flurdenkmal?

Dieses Marterl, auf dem Schotterweg zwischen Taubenbach und Hirschwald im gleichnamigen Naturpark Hirschwald gelegen, ist gleich in mehrfacher Hinsicht interessant.

Das Motiv ist – zugegeben – ziemlich drastisch, deshalb aber auch ein echter Hingucker; die Darstellung, auf der ein kapitaler Hirsch einen jungen Mann aufs Geweih nimmt (in der Jägersprache: »forkelt«), zeigt eine einst reale Gefahr durch die Natur, die aus unserer modernen Welt nahezu vollständig verschwunden ist.

Spannend und geschichtsträchtig ist dabei aber auch der Hintergrund der Szenerie: Holzstoß und Kohlenmeiler lassen auf den Beruf des Mannes schließen, und damit auf ein Handwerk, das mittlerweile ebenfalls aus unserer Lebenswirklichkeit getilgt ist. Dabei kann die Köhlerei im Hirschwald auf eine lange und vor allem umfangreiche Tradition zurückblicken: Das im »Ruhrgebiet des Mittelalters« gewonnene Eisenerz wurde mittels Holzkohle in großem Stil verhüttet, sodass damals sogar geklagt wurde, im Hirschwald würden mehr Kohlenmeiler brennen, als den Untertanen des Klosters Ensdorf Häuser zur Verfügung stünden. Dass die Köhler dabei aufgrund ihrer Zurückgezogenheit – schließlich mussten sie dort bleiben, wo es Holz gab und die Meiler brannten – und wohl auch wegen ihres rußigen Aussehens nicht sonderlich angesehen waren, schmälert die frühere Bedeutung dieses Handwerks nicht. Zuletzt, und das ist nun der Punkt, an dem man ins Schwärmen geraten kann, steht die Hirschmarter exemplarisch für die vielen kleinen und großen Entdeckungen, die sich inmitten der prächtigen Landschaft des Naturparks Hirschwald machen lassen. Rund 7.000 Hektar unzerschnittener Wald liegen im Osten des Naturparks, hervorragend erschlossen durch Wanderwege, voller Artenvielfalt – und eben immer wieder besagter Überraschungen am Wegesrand, die all jenen ihre Geschichten erzählen, die bereit sind, sich darauf einzulassen.

Adresse Nähe Hirschwald, 92266 Ensdorf-Hirschwald | Anfahrt A 6, Ausfahrt Amberg-Süd, Richtung Schmidmühlen / Rieden, bis Rieden, dort rechts auf Hirschwalder Straße, nach 260 Metern rechts, um auf Hirschwalder Straße zu bleiben, der Straße für knapp sieben Kilometer bis kurz vor Hirschwald folgen, dann links (ab hier befahrbare Schotterstraße), nach 600 Metern wieder links in den Wald, Hirschmarter nach circa 1,3 Kilometern rechts | Tipp Wildtiere – gefahrlos: Im gut fünf Kilometer entfernten Waldhaus (Waldhaus 1, 92289 Ursensollen) erwartet den Besucher neben einem Gasthaus auch ein großes Schaugehege mit Schwarzwild.

48 Das Torhaus

Wo einst des Kurfürsten Jagdhorn tönte …

Es ist die Liebe zu diesem besonderen Denkmal an diesem besonderen Ort, die das Architektenpaar Birgit Rieger und Willi Schmid im Jahr 2013 zum Erwerb des Torhauses bewog – wobei diese Liebe im Falle Schmids sogar vererbt sein könnte: Auch sein Vater, so erfuhr er nach dem Kauf, hatte einst mit dem Objekt geliebäugelt. Eines steht jedenfalls fest: In bessere Hände hätte das spätgotische Denkmal nicht gelangen können.

Hirschwald, 1112 erstmalig als »Gumpenhof« erwähnt, schaffte es unter Kurfürst Friedrich II., der die ursprüngliche Vierseitanlage mit Jagdschloss um 1530 erbauen ließ, zu großer Blüte: 1532 machte Kaiser Karl V. auf seinem Weg zum Reichstag hier halt, 1538 lud der Kurfürst zur Jagd, großes Gefolge und 128 Pferde inklusive. Im Jahr 1621 aber, als Hirschwald zum Forstverwaltungssitz wurde, hatte an weiten Teilen des Anwesens schon der Zahn der Zeit genagt; den Rest gab ihm 1816 ein ob der Auflösung des Forstministeramtes in Rage geratener Forstmeister. Heute sind neben der Jagdkapelle nur noch das »Ensdorfer Tor« mit dem Torhaus sowie der angrenzende Steinstadel erhalten. Was 2013 einsturzgefährdet an Rieger und Schmid überging, erstrahlt mittlerweile, dem Architekturverständnis der Eigentümer entsprechend, in einer gelungenen, dem Denkmalschutz Rechnung tragenden Symbiose aus Alt und Neu: Im Erdgeschoss des Torhauses, einstmals die Schmiede, lädt eine »Hutzastub'n« mit Freisitz zur Einkehr ein, im ersten Stock stehen Gästezimmer zur Verfügung, der Steinstadel dient neben Veranstaltungen kulturellen Zwecken und beherbergt wechselnde Ausstellungen.

Auch wenn nicht eindeutig geklärt ist, welcher Wittelsbacher der »Jäger aus Kurpfalz« war, so ist in der Region unstrittig: Das im Liedtext besungene Jagdrevier muss der Hirschwald gewesen sein. Dass es dem adeligen Jäger hier, im Torhaus, auch heute noch gefallen würde, steht ohnehin außer Zweifel.

Adresse Hirschwald 4, 92266 Ensdorf-Hirschwald | Anfahrt A 6, Ausfahrt Amberg-Süd, Richtung Schmidmühlen / Rieden, bis Rieden, dort rechts auf Hirschwalder Straße, nach 260 Metern rechts, um auf Hirschwalder Straße zu bleiben, der Straße für gut sieben Kilometer bis Hirschwald folgen (Ankunft am Ensdorfer Tor, das aber nicht durchfahren werden kann) | Öffnungszeiten täglich (tagsüber), Informationen unter www.torhaus-hirschwald.de | Tipp Historisches Gemäuer Nummer 2: Knapp sechs Kilometer entfernt liegt die spätmittelalterliche, sehr sehenswerte Burgruine Roßstein (Nähe Spieshof, 92277 Hohenburg).

49 Der Weiherschacht

Wo die Seele ganz von selbst zu baumeln anfängt

Wer vor diesem überraschenden Naturidyll mitten im Hirschwald steht, käme wohl nicht auf die Idee, dass es ursprünglich von Menschenhand geschaffen wurde – zu wild bewachsen ist der Uferrand, zu unberührt wirkt der Weiher, der sich hier inmitten des Hirschwalds befindet. Insekten schwirren über das Wasser, die Hitze flimmert an diesem Tag, ein Frosch genießt die Sonne am Ufer und lässt sich nicht davon stören, dass ich mich ein paar Meter von ihm entfernt niederlasse.

Der Weiherschacht ist eines von nur wenigen Stillgewässern im Gebiet des Naturparks, er gehört zur Kategorie der »Hüllen« oder auch »Himmelsweiher«, die über keinerlei Zu- und Abfluss verfügen. Ursprünglich diente er den Bewohnern und ihrem Vieh zur Wasserversorgung und wurde genau zu diesem Zweck künstlich angelegt: Die natürlichen Dolinen, also Vertiefungen im Boden, wurden mit Lehm abgedichtet und hielten so das Niederschlagswasser. Einstmals existierte an dieser Stelle sogar eine ganze Weiherkette, geblieben ist nur noch dieser eine.

Bis zur Säkularisierung gehörte das Gebiet zum Kloster Ensdorf, mittlerweile wird es von den Bayerischen Staatsforsten bewirtschaftet – wobei Wert darauf gelegt wird, den Weiherschacht seiner natürlichen Entwicklung zu überlassen. Ein ehemaliger, mittlerweile verlandeter Weiher auf der anderen Seite des Weges soll wieder saniert werden. Während ich darüber sinniere, dass die Balance zwischen behutsamen Eingriffen in die Natur zur Schaffung von Lebensräumen und freier Entwicklung derselben gerade hier im Hirschwald sehr gelungen erscheint, umkreist mich eine blau schillernde Libelle und vertreibt schließlich den Frosch, der mit einem lauten Platsch ins Wasser springt. Und auch ich breche wieder auf, mit erstaunlich freiem Kopf – meinen täglichen Kurzurlaub für die Seele habe ich soeben hinter mich gebracht. Wer also eine kleine Auszeit braucht: Hier wird man fündig.

Adresse zwischen Eggenberg und Hirschwald 6, 92266 Ensdorf-Hirschwald | Anfahrt A 6, Ausfahrt Amberg-Süd, Richtung Schmidmühlen / Rieden, bis Ensdorf, dort rechts auf Hirschwaldstraße, gleich wieder links, um auf Hirschwaldstraße zu bleiben, die im späteren Verlauf zu Eggenberg wird, der Schotterstraße für 2,6 Kilometer folgen (Orientierungspunkt »Rote Marter« befindet sich einige Meter weiter links), hier parken und vor der »Roten Marter« rechts, 500 Meter folgen | Tipp Unterwegs mit dem Profi: Der Naturpark Hirschwald e. V. bietet Touren mit seinen Rangern zu unterschiedlichen Themengebieten an (Informationen unter www.naturparkhirschwald.de / Angebote / Fuehrungen.html).

50 Der Honigshop

Ein Hoch auf die Biene!

Paris, Mailand, New York, Leidersdorf …? Nun gut, den kleinen Weiler in einem Atemzug mit den Shopping-Hotspots dieser Welt zu nennen, wäre wohl etwas vermessen. Dennoch: Der bestens sortierten Filiale der Süddeutschen Imkereigenossenschaft, die sich in Leidersdorf angesiedelt hat, sollte man in Kauflaune unbedingt einen Besuch abstatten.

Dass Honig als Naturprodukt mit seiner antioxidativen Wirkung überaus gesund ist, zumindest in Maßen genossen, ist hinlänglich bekannt. Die wahre Vielseitigkeit dessen, was wir den Bienen zu verdanken haben, erkennt man aber erst hier: Eine Fülle an Verzehrbarem erwartet den Besucher, vom Honigmet über Likör und Essig bis hin zu Süßigkeiten ist für jeden Geschmack etwas dabei. Hinzu kommt ein wahres Superfood aus dem Bienenstock in Form von Blütenpollen, reich an Aminosäuren, Enzymen, Vitaminen und vielem mehr. Aber auch bei äußerlicher Anwendung sind Honig und Propolis (ein Bienenprodukt zur Abdichtung kleiner Spalten im Stock mit antibiotischer Wirkung) unschlagbar: Angesichts der Produktpalette gehen einem schier die Augen über; wer möchte, kann sich hier mit Schönheitspflege »made im Bienenstock« von Kopf bis Fuß eindecken.

Natürlich muss niemand auf Bienenwachs-Kerzen und Honig selbst – von den Mitgliedern der Genossenschaft und somit heimischen Imkern – verzichten. Abgerundet wird das Angebot schließlich mit allem, was Imker und solche, die es werden wollen, für die Bienenhaltung benötigen – bis hin zur hilfreichen Literatur für Neu-Einsteiger. Nur der im Schaufenster sitzende Plüsch-Winnie-Puh ist nicht verkäuflich – der möchte, wen wundert's, lieber in seinem persönlichen Eldorado bleiben. Mutmaßlich werden Sie das Geschäft zwar um ein paar Euro leichter, dafür aber um einige Bienenerzeugnisse schwerer verlassen. Den teuren Flug nach Mailand haben Sie sich fürs Erste immerhin gespart.

Adresse Leidersdorf 2a, 92266 Ensdorf-Leidersdorf | **Anfahrt** A 6, Ausfahrt Amberg-Süd, Richtung Schmidmühlen / Rieden und für gut fünf Kilometer bis Leidersdorf folgen, der Shop befindet sich rechts | **Öffnungszeiten** April – Sept. Di – Fr 9 – 17 Uhr, Sa 9 – 13 Uhr; Okt. – März Mi – Fr 9 – 17 Uhr, Sa 9 – 13 Uhr | **Tipp** Sightseeing: Vor Ort sollte man unbedingt einen Blick auf die direkt nebenan gelegene, 1964 stillgelegte Kunstmühle an der Vils werfen, die 1910 in ihrer jetzigen Form erbaut wurde.

51 Das Schloss des Hollywoodstars

Das muss ich haben!

Man kennt das ja, dieses schlagartige Verlieben in einen nicht unbedingt notwendigen Gegenstand, ein neues Exemplar für die Handtaschensammlung oder ein weiteres Sportgerät. Nahezu ebenso bekannt ist die damit einhergehende, meist vergebliche Hoffnung, eine Nacht darüber zu schlafen würde das Begehren eliminieren.

Auch Oscar-Preisträger sind davor nicht gefeit, nur darf der »Gegenstand« da auch gerne mal größer sein. Schloss-groß, sogar. So geschah es, dass Nicolas Cage sich 2006 zur Immobiliensuche nach Deutschland begab. Die ersten Objekte wollten ihm nicht so recht gefallen; zu nah an der Autobahn, zu groß, zu heruntergekommen. Bis er nach Etzelwang kam, sah – und sich verliebte. Verdenken kann man ihm das nicht, Schloss Neidstein, errichtet im 16. Jahrhundert, ist nicht nur schön anzusehen, sondern stellt mit seiner Alleinlage auf dem Schlossberg, inmitten der zugehörigen 165 Hektar Wald und Wiesen, den perfekten Rückzugsort dar. Zwei Millionen ließ Cage sich das Schloss mit insgesamt 28 Zimmern kosten.

Die Freude des Stars über den Erwerb währte aber nicht lange, ebenso wie die der Etzelwanger über den prominenten Nachbarn: Schon 2009, nach drei Besuchen vor Ort, verkaufte Cage das Schloss wieder, das sich nach wie vor in Privatbesitz befindet und deshalb nur von außen besichtigt werden kann. Spazierwege, je nach Vegetationsphase leider durchaus leicht überwuchert oder mit spalierstehenden Brennnesseln ausgestattet, ermöglichen immer wieder interessante Einblicke auf das ehemalige Objekt von Cages Begierde.

Sind eben auch nur Menschen, diese Hollywoodstars. Auch das eine oder andere Sportgerät dürfte schließlich nach dem unvermeidlichen Blitzkauf längst ungenutzt in den Untiefen des heimischen Kellers verschwunden sein.

Adresse Neidstein 1, 92268 Etzelwang-Neidstein | Anfahrt A 6, Ausfahrt Sulzbach-Rosenberg, Richtung Sulzbach-Rosenberg, nach 3,5 Kilometern links, geradeaus (über Kreisverkehr) für 5,7 Kilometer, rechts Richtung Bachetsfeld, nach 400 Metern links Richtung Büchelberg, geradeaus für 5,1 Kilometer, in Neukirchen spitz links auf Etzelwanger Straße, nach 1,3 Kilometern rechts Richtung Neidstein, parken (Wanderparkplatz) und der Beschilderung zum Schloss für circa 350 Meter folgen | Tipp Ente gut, alles gut: Der Förderverein des Freibads Etzelwang organisiert jedes Jahr das Etzelwanger Entenrennen. Prämiert werden nicht nur die schnellsten, sondern auch die schönsten Enten (www.foerderverein-freibadetzelwang.de).

52 Die Seifenmanufaktur

Natürlich natürlich!

Ein Hauch von Hexenküche umweht den Ort, an dem in Handarbeit die Naturseifen von »Dr. Röska« entstehen – dafür sorgt die Lage der Manufaktur (versteckt in einem Nebengebäude des Schlosses) ebenso wie das Interieur, das mit allerlei Gerätschaften und Töpfen wie eine Mischung aus Labor und Küche anmutet. Andererseits: Das Ehepaar Röska, das die Manufaktur betreibt, ist viel zu sympathisch, um mit dunklen Mächten im Bunde zu stehen, der Raum wird nicht erfüllt von beißendem Schwefeldampf, sondern von angenehmen Düften, und die ausgestellten Naturprodukte, allesamt nicht nur pflegend, sondern auch in fröhlichsten Farben leuchtend, machen jedem Besucher klar: Hier herrscht keine dunkle Magie, hier stehen Hautgesundheit und Wohlgefühl im Fokus.

Die Anfänge der Manufaktur, damals noch als Hobby betrieben, gehen zurück auf das Jahr 2000, doch bald kamen Ambitionen ins Spiel: Der Haut wirklich Gutes zu tun und dabei ganz auf schädliche synthetische Zusätze, wie sie in vielen Kosmetiklinien zu finden sind, zu verzichten, so lautete das Ziel des promovierten Naturwissenschaftlers Dr. Röska, von dem bis heute nicht abgewichen wird: Alle Produkte werden ausschließlich aus natürlichen und, abgesehen von Honig, Milch und Bienenwachs, rein pflanzlichen Zutaten hergestellt, die Seifen übrigens im besonders schonenden Kaltsiedeverfahren. Nicht nur die informative Führung durch die kleine Manufaktur macht Spaß, auch die Vielzahl kreativer Seifen, vom »Hanfnüsschen« über »Sir Toby« bis hin zur »Kaffeepause«. Jeder Duft ist selbst kreiert und meist das Ergebnis langer, mühevoller Arbeit, jedes Stück Seife wird von Hand produziert, geschnitten und verpackt. Derzeit umfasst das Angebot 120 Produkte, neben den Seifen auch Gesichts- und Körperbalsame, Badezusätze und sogar Zahnpflegeprodukte.

Vermutlich überflüssig zu erwähnen, dass ich die Manufaktur mit vollen Taschen verlasse.

Adresse Schloßstraße 4, 92269 Fensterbach-Wolfring | **Anfahrt** A 6, Ausfahrt Amberg-Ost, auf B 85 Richtung Amberg, Abfahrt Richtung Schwarzenfeld / Fensterbach, nach 4,8 Kilometern links Richtung Wölfringmühle, nach 900 Metern rechts auf Dorfstraße, nach 400 Metern rechts auf Schloßstraße, bis Schloss / Nebengebäude folgen, Manufaktur im vordersten Abschnitt des gelben Nebentraktes | **Öffnungszeiten** nach Voranmeldung, Tel. 09438/9418613 oder info@dr-roeska.com, www.dr-roeska.com | **Tipp** Ganz schön wild: Auf dem Damwildhof Hiltner, Dorfstraße 2, werden freitags im Hofladen frische Holzofenbrote, Backwaren und (von Okt.–März) Wildfleisch verkauft. Natürlich lohnt auch ein Besuch des eigenen Damwildgeheges, aber lassen Sie dabei unbedingt Vorsicht walten, gerade in der Brunftzeit!

53 Die Holzscheitlkirche

Original und originelle Fälschung

Vor allem eines zeigt sich während der Arbeit an diesem Buch immer wieder: Was die Menschen der Region so liebenswert macht, ist der Einfallsreichtum, der – anders als in Großstädten mit ihrem kulturellen Überangebot – vielleicht aus der Not einer eher ländlich geprägten Gegend, in der selbst die größte Stadt noch als überschaubar bezeichnet werden darf, eine Tugend macht.

Dass gerade das Sakrale die Menschen besonders zu beflügeln vermag, beweist dieser Ort: ein mehr als ungewöhnlicher Holzstoß in Form einer Kirche, der sich idyllisch in die umgebende Landschaft einfügt. Die große Mühe des Erbauers, etwaigen Passanten ein Lächeln ins Gesicht zu zaubern, ist unübersehbar, und, fast überflüssig zu erwähnen: Das Ansinnen ist gelungen. Aber nicht nur die kleine Holzscheitlkirche ist sehens- und fotografierenswert, auch der Ausblick von der Erhöhung lädt zum Verweilen ein. Lässt man ihn auf sich wirken, so rückt der Johannisberg mit seiner Wallfahrtskirche St. Johann in den Fokus. Und hier lohnt es sich, ganz genau hinzusehen: Mit St. Johann ist nämlich das optische Vorbild der Holzscheitlkirche gefunden, der künstlerische Holzstoß spiegelt das (zugegeben, etwas größer geratene) Bauwerk aus dem Jahr 1711 wider.

Eigentlich sollte die Holzscheitlkirche, deren Bausubstanz natürlich immer wieder erneuert werden muss, bereits 2021 wieder abgetragen werden. Ob nun die Tatsache, dass sie sich mittlerweile selbst zum beliebten Wallfahrtsort entwickelt hat, den Erbauer von dieser Entscheidung abbringen konnte oder ob auch die Aussicht auf einen Platz in diesem Buch diesbezüglich eine Rolle spielte, lässt sich nur mutmaßen. Fest steht aber: Die Holzscheitlkirche bleibt einstweilen erhalten. Lassen Sie also die Gelegenheit nicht verstreichen, sich dieses zauberhafte Bauwerk anzusehen – und sich ein Lächeln ins Gesicht zaubern zu lassen!

Adresse Nähe Badstraße 21, 92272 Freudenberg | Anfahrt A 6, Ausfahrt Schmidgaden, Richtung Freudenberg, hinter Etsdorf erneut Richtung Freudenberg, nach 3,7 Kilometern rechts, der Straße für gut 1,5 Kilometer folgen, in Freudenberg links auf Badstraße, bis Freibad folgen, parken, 300 Meter zurück, links in den Feldweg und für circa 450 Meter folgen | Tipp Was für ein Theater! Wem der Sinn nach Oberpfälzer Kultur steht, dem sei die bereits zweifach mit dem »Larifari« des Verbandes bayerischer Amateurtheater ausgezeichnete Freudenberger Bauernbühne empfohlen (www.freudenberger-bauernbuehne.de).

54 Die Schmie-Alm

Oberpfälzer Hüttenfeeling

Almen findet man nur im Gebirge? Mitnichten. Auch in Freudenberg gibt es ein Exemplar, das noch dazu den Vergleich mit den bekannten alpinen Vertretern seiner Gattung keineswegs zu scheuen braucht.

Die Schmie-Alm, in malerischer Alleinlage auf dem Johannisberg, verfügt über alles, was das klassische Flair einer Alm ausmacht; angefangen beim urigen, detailverliebten Interieur setzt sich die typische Gestaltung auch im Freien fort: Die breite Holzveranda lädt zum Verweilen ein, und während sich die Kinder auf dem Spielplatz austoben, lässt man selbst den Blick über die üppigen Geranien hinweg am Hang entlang ins Tal wandern, das sich vor einem auftut. Mal laut, mal leise blöken die hauseigenen Schafe im Hintergrund, bei besonderen Gelegenheiten werden sie allerdings von Livemusik übertönt. Und natürlich gibt es auf dieser Alm doch die eine oder andere Sünde – kulinarischer Art, versteht sich. Hausgemachte Kuchen und deftige Brotzeiten werden angeboten, gelegentlich steht auch ein Grillabend auf dem Programm.

Seit 2010 betreibt Martina Schißlbauer, die gleichermaßen resolute wie charmante Wirtin, die Alm gastronomisch, zuvor wurde sie ausschließlich zur Schafhaltung genutzt. Ihren Namen verdankt die Alm übrigens dem verstorbenen Schwiegervater, dem früheren Schmied am Ort (das »d« wird aus Gründen der Zeitersparnis vom Dialekt verschluckt), dem die Betreiberin damit ein Denkmal gesetzt hat. Ein kleiner Tipp am Rande: Schenken Sie unbedingt den Spiegeln auf den Toiletten besondere Aufmerksamkeit, ihr Überraschungseffekt tut auch dem Selbstbewusstsein gut. (Mehr soll an dieser Stelle aber nicht verraten werden.)

Im Gegensatz zu den Sommeralmen in den Alpen wird die Schmie-Alm ganzjährig bewirtschaftet; sommers wie winters steht hier also dem entspannten Kurzurlaub in den (wenn auch nicht allzu steilen) Bergen nichts im Wege!

Adresse Johannisbergstraße 19, 92272 Freudenberg | Anfahrt A 6, Ausfahrt Schmidgaden, Richtung Freudenberg, hinter Etsdorf erneut Richtung Freudenberg, nach 3,7 Kilometern rechts und gleich wieder rechts halten, nach einem Kilometer links auf Kreuzweg, der zur Johannisbergstraße wird | Öffnungszeiten Do und Fr 15–21 Uhr, So 14–20 Uhr | Tipp Rauf auf den Berg: Der Johannisberg mit Heimatkino und der Wallfahrtskirche St. Johann ist auch für Wanderer ein lohnendes Ziel!

55 Die Asphaltkapelle

Der Himmel voller Kugeln

Wer Bayern kennt, für den ist es freilich kein Geheimnis: Einen Mangel an Sakralbauten kann man hier nirgendwo beklagen. Das gilt selbstredend auch für die Region um Amberg, und doch gibt es hier einige besondere Gotteshäuser zu entdecken, errichtet von kreativen Geistern, die auf originelle Weise die christliche Tradition mit Einfallsreichtum verbinden. Einer dieser kreativen Geister ist Wilhelm Koch (siehe Ort 24 und Ort 56), der mit seinen Werken und Projekten die Region im Allgemeinen und seinen Geburtsort, das ansonsten eher beschauliche Etsdorf, im Besonderen bereichert.

Eines seiner Werke, die Asphaltkapelle, wurde von Koch ursprünglich anlässlich der Oberbayerischen Kulturtage in Altötting 2001 errichtet, ist seit 2002 aber am Waldrand bei Etsdorf als gesegnete Kapelle zu finden. Nicht nur ihr Aussehen ist außergewöhnlich, auch die Beschaffenheit überrascht: Sie ist das einzige Gebäude, das zur Gänze aus Gussasphalt besteht. Schwarz also, wie die Schwarze Madonna in Altötting, auf die sie sich bezieht. Der Baustil ist klassisch, mit einem länglichen Grundriss und Satteldach – nichts soll ablenken von der puristischen und doch so besonderen Ausstattung, die durch den Lichteinfall im Ampel-Look noch einmal ein Plus an Atmosphäre erfährt. Alle zwei Jahre rund um die Weihnachtszeit aber ist hier nichts puristisch, denn dann schmücken rund 1.500 ausrangierte Christbaumkugeln die Decke der Kapelle und tauchen sie in magisches Funkeln.

Auch den Fußweg zur Kapelle, den sogenannten Kreuze-Weg, sollte man sich nicht entgehen lassen: Kunstschaffende haben das klassische Kreuzmotiv spannend interpretiert, ihre Werke säumen den Weg, jährlich zum Kapellenfest Anfang Mai kommt ein neues Exemplar hinzu. Auch hier wird also der Bogen von den weit verbreiteten Marterln vergangener Zeiten zu einer zeitgenössischen Auslegung gespannt.

Adresse Nähe Rangersgaß 28, 92272 Freudenberg-Etsdorf (Einstieg Kreuze-Weg) | **Anfahrt** A 6, Ausfahrt Schmidgaden, Richtung Freudenberg und für 2,6 Kilometer folgen, am Ortsanfang (Beschilderung: »Asphaltkapelle«) rechts auf den Kreuze-Weg (Fußweg circa 650 Meter, auch befahrbar) | **Tipp** Natürlich baden: Nur vier Kilometer entfernt befindet sich in Fensterbach-Högling ein kleiner Naturbadeweiher, perfekt für einen schnellen Sprung ins kühle Nass (Etsdorfer Weg, dann links abbiegen).

56__Das Tempel-Museum

Wo große Pläne auf eine Ex-Kanzlerin zu Pferde treffen

Es war im Jahr 2000, als den in der Region bestens bekannten Künstler Wilhelm Koch (siehe Ort 24 und Ort 55) eine Idee ereilte, die Gemütslage und Gemeinsinn der Etsdorfer gleichermaßen steigern sollte: Eine Glyptothek muss her, fand er, ein Tempel von Bürgern für Bürger, der dem europäischen Gedanken sowie dem hehren Ideal der Demokratie mit seiner 2.500-jährigen Geschichte huldigen soll. Im Jahr 2005 stellte er das Projekt seinen Mitbürgern vor, und vereinzeltem Widerstand zum Trotz gelang es Koch, zahlreiche Mitstreiter für das Vorhaben zu begeistern, einen Verein sowie eine Stiftung zu gründen und erste Schritte für den Bau in die Wege zu leiten.

Ein auf einer Anhöhe über Etsdorf gelegener Bauplatz in Sichtweite der Europastraße E 50 wurde gefunden und erworben, auch der Spatenstich ist längst erfolgt. Für den aktuellen Entwurf der Glyptothek, basierend auf dem Motiv der klassischen Säulenhalle, zeichnet der namhafte Architekt Peter Haimerl verantwortlich: Der geplante Grundriss beläuft sich auf 15 mal 30 Meter bei einer Höhe von zehneinhalb Metern.

2010, im Zuge der erteilten Baugenehmigung, richteten die Initiatoren dann das Tempel-Museum als Kunsthalle der Glyptothek im ehemaligen Etsdorfer Schulgebäude ein. Dabei beschränkt sich die Ausstellung dort nicht auf dieses und ähnliche Bauprojekte: Die zahlreichen Exponate zeigen zudem eine breite sachliche und künstlerische Auseinandersetzung mit den Themenschwerpunkten »Europa« und »Demokratie«. Und wer Angela Merkel hoch zu Ross bewundern will, hat seit Oktober 2021 auch hierzu Gelegenheit!

Der Bau der Glyptothek selbst steht noch aus, wie so oft hängt alles am schnöden Mammon. Sollten Sie also zufällig ein Mäzen auf der Suche nach einem förderungswürdigen Projekt sein: Hier werden Sie fündig! So oder so steht aber natürlich zunächst ein Besuch im Museum auf dem Programm.

Adresse Rangersgaß 21, 92272 Freudenberg-Etsdorf | **Anfahrt** A 6, Ausfahrt Schmidgaden, Richtung Freudenberg und der Straße für 2,6 Kilometer folgen, am Ortsanfang links auf Rangersgaß, das Tempel-Museum befindet sich auf der rechten Seite | **Öffnungszeiten** Mai – circa Mitte Dez. (variiert) Di – So 10 – 17 Uhr und nach Vereinbarung, Mitte Dez. – April nur auf Vereinbarung | **Tipp** Bauplatz: Wer sich den späteren Standort ansehen oder etwaige Fortschritte begutachten will, folgt der Höglinger Straße ortsauswärts in Richtung Süden. Circa 350 Meter nach Ortsende führt ein Feldweg rechts auf eine Anhöhe, nach weiteren 350 Metern findet man den Bauplatz links.

57 Der Grand Canyon

Ein Hauch von Arizona

Zugegeben, die gigantischen Dimensionen des amerikanischen Originals erreicht der Oberpfälzer Grand Canyon nicht ganz, auch wenn sich seine Sandgruben über beachtliche acht Kilometer und bis zu einer Abbruchhöhe von immerhin 32 Metern erstrecken. Und doch sind sie nicht nur dann sehenswert, wenn die letzte Reise schon eine ganze Weile zurückliegt und die Sehnsucht nach fernen Gefilden plagt; dafür sorgen in erster Linie die unterschiedlichen, teils kräftig gefärbten Gesteinsschichten, die den Sandgruben ihr charakteristisches Aussehen verleihen. Ihre Entstehung verdanken sie erodiertem, stark zerkleinertem Gesteinsmaterial unterschiedlicher Herkunft, das vor über 140 Millionen Jahren durch Flüsse ins Schelfmeer gelangte und sich in unterschiedlichen Zeitphasen ablagerte.

Seit 1957 wird hier in der Nähe von Atzmannsricht Quarzsand abgebaut, der wie in ganz Süddeutschland schwermetallarm und deshalb besonders leicht zu verarbeiten ist. Bereits heute ist für das gesamte Areal ein Rekultivierungskonzept vorgesehen, damit es nach Abbauende wieder der Forst- und Landwirtschaft übergeben werden kann.

Da die Abbaustätten nahe Atzmannsricht allerdings nach wie vor von der Firma Strobel Quarzsand GmbH betrieben werden, ist eine direkte Begehung der Sandgruben regulär verboten und nur im Rahmen von Führungen möglich. Allerdings verlaufen verschiedene Wege, zum Beispiel ab Krickelsdorf oder entlang der Abzweigung von der B 299 Richtung Ölhof, am Gelände vorbei und ermöglichen immer wieder beeindruckende Blicke auf den Canyon.

Auch wenn es sich hier nicht um das Original, sondern um die etwas bescheidenere Oberpfälzer Variante der weltberühmten Schlucht handelt: Wenn die Sonne auf das Gelände scheint und die Gesteinsschichten zum Leuchten bringt, ist es ein Kinderspiel, in Bewunderung zu verfallen – und sich im Bedarfsfall nach Arizona zu träumen.

Adresse Nähe Postweg/B 299, 92274 Gebenbach | **Anfahrt** A 6, Ausfahrt Amberg-West, auf B 299 Richtung Amberg, über Amberg hinaus für insgesamt 17 Kilometer folgen, rechts Richtung Gebenbach, nach 600 Metern links Richtung Atzmannsricht, die Sandgruben liegen an der Straße gut einen Kilometer nördlich von Atzmannsricht | **Öffnungszeiten** Führungen gelegentlich angeboten von der AOVE GmbH, www.aove.de | **Tipp** Bierwirtschaft: Vom Sand staubige Kehlen lassen sich in idyllischer Lage, nur gut drei Kilometer entfernt, im gemütlich-urigen Hüthäusl befeuchten, einer ehemaligen Hirtenunterkunft aus dem Jahr 1907 (Zur Vilsquelle 4, 92271 Freihung, geöffnet Mi und Do 17–23 Uhr, Fr 17–23.30 Uhr, Sa 10–23.30 Uhr und So 10–22.30 Uhr).

58 Der Flügel des King

Ein Weltstar auf Oberpfalz-Manöver

Man kann sich die Sensation vorstellen, man hört förmlich das Kreischen der entrückten Fans: Elvis Presley, der 1956 seinen großen Durchbruch feierte, leistet nicht nur seinen Dienst als GI in Deutschland ab – nein! Es verschlägt ihn erstmalig 1958 im Zuge eines mehrwöchigen Manövers auch noch in die Oberpfalz, genauer gesagt nach Grafenwöhr, wo er auf dem Truppenübungsplatz nicht mit Hüftschwung und gefühlvoller Stimme betört, sondern neben seinen Kameraden völlig unprätentiös durch den Schlamm robbt – was viele Fans in ihrer Phantasie mutmaßlich nicht minder betörend gefunden haben.

Offiziell war es dem King of Rock 'n' Roll Zeitungsberichten zufolge vonseiten seines Managements untersagt, während seiner Militärzeit in Deutschland mit eigenen Liedern aufzutreten. Und doch: Ein Vollblutmusiker wie er kann die Musik wohl nicht ganz ruhen lassen, und so gab es zum Dank an die Wirtin und ihre Mitarbeiter in der bei GIs beliebten Grafenwöhrer »Micky Bar« ein Konzert im intimen Rahmen, bei verschlossenen Türen und Fotografierverbot. Ebenjener Flügel, dessen Tasten an diesem Abend von den Fingerkuppen des King berührt wurden, ist heute im sehenswerten Kultur- und Militärmuseum Grafenwöhr zu bewundern. Auch wenn der Plastik-Elvis auf dem zugehörigen, im wahrsten Wortsinn also einstmals von Elvis »besessenen« Pianohocker mit dem unvergesslichen Original nicht ganz mithalten kann, ist eine Besichtigung des Flügels (und der zahlreichen anderen Elvis-Exponate) ein Highlight.

Dass sich Elvis Presley trotz Sorge um seine Karriere gegen Privilegien und für ein normales, immerhin zweijähriges Soldatenleben entschied, bestätigt die Einschätzung zahlreicher damaliger Weggefährten, die ihn als lockeren, umgänglichen Mann ohne Starallüren beschrieben. Ein weiterer Grund also, ihm ein ehrendes Andenken zu bewahren – in Grafenwöhr und anderswo.

Adresse Kultur- und Militärmuseum Grafenwöhr, Martin-Posser-Straße 14, 92655 Grafenwöhr | Anfahrt A 93, Ausfahrt Weiden-West, auf B 470 Richtung Eschenbach/Grafenwöhr, auf Höhe Dießfurt nach circa 12,5 Kilometern links Richtung Gmünd/Josephstal, nach einem Kilometer rechts Richtung Grafenwöhr, in Grafenwöhr links auf Pressather Straße, nach 400 Metern links auf Obere Torstraße und gleich wieder rechts auf Martin-Posser-Straße | Öffnungszeiten Di–Do, So 14–17 Uhr | Tipp Sperrgebiet: Der Heimatverein Grafenwöhr bietet gelegentliche Rundfahrten über den Truppenübungsplatz mit seinen militärischen Einrichtungen und abgesiedelten Orten an (Informationen unter www.museum-grafenwoehr.de – Besucherinformationen).

59__Der leuchtende Tierpark

Ein animalisches Weihnachtsvergnügen

Dass Kreativität und Findigkeit vor allem dort blühen, wo es nicht ganz so viel Unterhaltung und Zerstreuung in unmittelbarer Nähe gibt, nämlich im etwas ländlicheren Raum, beweist der private Weihnachtsmarkt von Karl-Heinz Eismann in Hütten, auf dem der selbstständige Bauschlosser seine Kreativität und überbordende Gestaltungsfreude mit Hilfe eines (nicht nur) tierischen Lichtermeers zur Schau stellt. Dabei erweist es sich von Vorteil, dass Familie Eismann über einen 3.000 Quadratmeter großen Garten verfügt: Bereits seit 2004 werden auf dem Privatgelände Designschlosserartikel ausgestellt, im Jahr 2011 wurde dann der Weihnachtsmarkt ins Leben gerufen. Mittlerweile beläuft sich die fulminante Ausstellung auf 60 zum Teil bewegliche Edelstahl-Tiere und -Bäume, die mit über 70.000 Lämpchen beleuchtet werden. Ein magisch funkelndes Erlebnis in ganz besonderer Atmosphäre also, das nicht nur Kinderherzen höherschlagen lässt …

Mit einer weiteren Attraktion aus Eismanns Schlosserwerkstatt wartet der Weihnachtsmarkt seit dem Jahr 2014 auf: Hier kann man den größten Edelstahlbaum Deutschlands bewundern, ganze vier Meter beträgt sein Durchmesser. Natürlich ist auch für das leibliche Wohl der Besucher bestens gesorgt, und während die Erwachsenen bei einem Glühwein die gelegentlich angebotene Livemusik genießen, drehen die Kinder auf dem Karussell ihre Runden.

Dass man bei all diesem (vor)weihnachtlichen Vergnügen auch noch, ganz im Sinne des weihnachtlichen Gedankens, etwas Gutes tut, ist ebenfalls dem Engagement der Familie Eismann zu verdanken: Der Erlös aus dem Marktbetrieb kommt Tierheimen und Gnadenhöfen in der Umgebung zugute. Fazit: Wem es mit diesem Wissen an diesem Ort nicht gelingt, sich von den funkelnden Lichtern und der liebevollen Gestaltung in wohlige Weihnachtsstimmung versetzen zu lassen, der muss ein wahrer Grinch sein.

Adresse Fasanenweg 10, 92655 Grafenwöhr-Hütten | **Anfahrt** A 93, Ausfahrt Weiden-West, auf B 470 Richtung Eschenbach / Grafenwöhr, nach 6,8 Kilometern Richtung Grafenwöhr / Hütten, nach 5,5 Kilometern rechts Richtung Hütten, nach 1,4 Kilometern auf Kirchenstraße und Richtung Ortszentrum folgen, vor dem Zentrum links auf Fasanenweg | **Öffnungszeiten** jährlich 1. Advent bis Silvester täglich ab Einbruch der Dunkelheit, circa 17–20 Uhr | **Tipp** Vulkanisch: Nur gut zehn Kilometer entfernt befindet sich der Ort Parkstein mit seinem aus einem Vulkan hervorgegangenen (Alexander von Humboldt zufolge schönstem europäischen) imposanten Basaltkegel!

60 Der Ossi-Weiher

Eine Oase im Wohngebiet

Die Sonne strahlt vom Himmel, als ich unter dem Schild, das den Weg ins »Königreich Bayern« weist, hindurchgehe. Für einen Moment steigt Angst in mir auf: Treibt hier ein (untoter) bayerischer Monarch sein Unwesen? Mitnichten. Zu meiner Freude erwartet mich kein ruheloser Wittelsbacher, sondern ein kleines Idyll, das Elisabeth Käufl und ihr Mann, der gebürtige Thüringer Jürgen Göpfert, seit 2013 hier geschaffen haben. Damals pachteten sie das neben dem eigenen Wohnhaus gelegene und noch recht verwahrloste Gelände von der Gemeinde und entschieden sich nach umfangreicher Sanierung und Aufwertung, es der Öffentlichkeit zugänglich zu machen.

Vieles ist in der Zwischenzeit entstanden, das es nun zu entdecken gilt, das verrät der mit zahlreichen Schildern versehene Wegweiser: Neben einladenden Sitzgelegenheiten – besonders empfehlenswert ist die »Liebeslaube«! – haben hier am und im Weiher zahlreiche Tiere ein Zuhause gefunden, neben den Fischen, vom Koi bis zum Stör, gibt es Zebrafinken, Prachtrosella, Hühner und ein Insektenhotel; ein Terrarium für griechische Landschildkröten ist in Planung. Eine aufwendig gestaltete alte Telefonzelle informiert über den Weiher und seine Bewohner, zahlreiche liebevoll ausgewählte Kunst- und Dekoobjekte schmücken das Gelände.

Nur einer sieht hier nicht fröhlich-freundlich aus, sondern doch etwas gruselig, eine finstere, gesichtslose Gestalt im langen Kapuzenmantel. Sofort fällt mir wieder der untote Bayernkönig ein, doch Herr Göpfert klärt auf: Es handele sich nur um den Weiherwächter in Statuenform. Natürlich, dieser schöne Ort muss gut bewacht werden.

Sonntagnachmittags werden neben Getränken, Kuchen und Oberpfälzer Bratwürsten – wie könnte es am »Ossi-Weiher« anders sein? – original Thüringer Bratwürste angeboten. Aber auch an den Tagen ohne kulinarische Verpflegung ist dieses kleine Paradies immer einen Besuch wert!

Adresse Osterbrunnen / Sulzbacher Straße, 92256 Hahnbach | Anfahrt in Amberg auf Bayreuther Straße / B 299 Richtung Grafenwöhr, nach 3,4 Kilometern links Richtung Vilseck / Hahnbach, nach knapp sechs Kilometern links auf Amberger Straße, im Kreisverkehr 2. Ausfahrt auf Herbert-Falk-Straße, nach Stadttor links auf B 14/Hauptstraße, im Kreisverkehr 2. Ausfahrt auf B 14/Sulzbacher Straße, nach 160 Metern leicht links auf Osterbrunnen, der Ossi-Weiher befindet sich links | Öffnungszeiten durchgehend, Gastronomiebetrieb So 15 – 19 Uhr | Tipp Kanutour: Für Kanuten ist der Kanuverleih Hahnbach mit Kanadiern und Kajaks die richtige Adresse (Anmeldung Mo – Fr ab 13 Uhr, E-Mail info@kanuverleih-hahnbach.de oder Tel. 09664/953356, Hauptstraße 53).

61 Das Storchennest

Durch und durch heimatverbunden

Man könnte meinen, das Wahrzeichen eines Ortes dieses Namens müsste in Zusammenhang mit einem lautstarken Gesellen stehen, der die Anwohner frühmorgens mit einem fröhlichen Kikeriki erbarmungslos aus dem Bett schmeißt. Dieses Los bleibt den Hahnbachern zwar zum Glück erspart, der Spezies der Vögel halten sie aber dennoch die Treue: Das aus dem 16. Jahrhundert stammende »Amberger Tor«, das als letztes der einstmals aus drei Toren bestehenden Ortsbefestigung noch in seiner ursprünglichen Substanz erhalten ist, schmückt sich im wahrsten Wortsinn mit fremden Federn: denen der Weißstörche, die im Nest auf dem spitz zulaufenden Dachfirst des mittelalterlichen Tores residieren.

Im Jahr 1926 wurde das Nest angebracht, und dank seiner Bewohner ist es längst nicht mehr aus dem Markt wegzudenken: Seit Jahrzehnten wird das Treiben der gefiederten Hahnbacher mit Interesse und Begeisterung verfolgt, was nicht zuletzt der erfolgreichen Aufzucht des Storchennachwuchses geschuldet sein dürfte, die – Hahnbacher mit Leib und Seele eben – pünktlich zum immer im Sommer stattfindenden Marktfest flügge werden und das Treiben der flügellosen Festbesucher aus hoheitsvoller Perspektive betrachten. Dass die örtliche Kinderkrippe »Storchennest« genannt wurde, verwundert da schon nicht mehr, auch wenn natürlich bezweifelt werden darf, dass die Hahnbacher Kinder nun, anders als in anderen Teilen der Welt, tatsächlich vom Storch gebracht werden. Das wäre wohl wirklich zu viel verlangt.

Anscheinend fühlen sich die Hahnbacher Störche in ihrer Wahlheimat rundherum wohl – so wohl sogar, dass sie die Region seit ein paar Jahren selbst im Winter nicht mehr verlassen, um in südliche Gefilde zu entfliehen. Stattdessen geht es auf Landpartie ins Umland, bevor im Frühling die Rückkehr auf den Stammsitz, eben das Amberger Tor, erfolgt. Daheim ist halt einfach daheim.

Adresse Herbert-Falk-Straße 2, 92256 Hahnbach | Anfahrt A 6, Ausfahrt Amberg-West, auf B 299 Richtung Amberg, der Straße über Amberg hinaus für circa 11,5 Kilometer folgen, links nach Vilseck/Hahnbach, nach knapp sechs Kilometern links nach Hahnbach auf Amberger Straße, im Kreisverkehr 2. Ausfahrt auf Herbert-Falk-Straße | Tipp Durch das Vilstal: Hahnbach und das Amberger Tor liegen auf dem rund 90 Kilometer langen Vilstalwanderweg, der den Wanderer durch die Flusslandschaft von der Quelle der Vils in Kleinschönbrunn bis zu ihrer Mündung in die Naab in Kallmünz führt (Informationen unter www.amberg-sulzbacher-land.de über »Aktiv« und »Wandern«).

62 Die Kehlkapelle

Zankapfel und Andachtsort

Man muss kein besonders spirituell veranlagter Mensch sein, um die Mystik dieses Ortes erspüren zu können, zu der freilich auch die außergewöhnlich naturnah wirkende Bauweise dieser Kapelle, die vielmehr einer Grotte gleicht, beiträgt. Herausgearbeitet aus einem pyramidenförmigen Sandstein, verfügt die Kehlkapelle über eine Grundfläche von 24 Quadratmetern bei einer Höhe von 1,90 Metern. Ihrer Lage in einem Waldstück und der daraus resultierenden Feuchtigkeit ist der Moosmantel geschuldet, der sie fast vollständig umgibt und ihr ursprüngliches Aussehen somit noch verstärkt.

Erbaut wurde die Kapelle mutmaßlich, so lautet die Inschrift, im Jahr 1749 von einem Höhengauer Bauern namens Georg Winkler; schon früh etablierte sie sich als durchaus lukrativer Wallfahrtsort mit Opferstock, der den ortsansässigen Bauern nicht nur einen Geldsegen von 40 bis 50 Gulden jährlich, sondern, mit etwas Verspätung, auch einigen Ärger einbrachte: Dem Gebenbacher Pfarrer war das Zubrot der Bauern, an der Kirche vorbei, ein gewaltiger Dorn im Auge, worauf eine Art ländlicher Schwank folgte: Der Sachverhalt wurde zur Anzeige gebracht, die Kapelle zugemauert, das Gnadenbild entfernt, von den Höhengauer Bauern aber zurückgeraubt, was natürlich zu einer neuerlichen Anzeige führte … Die Zeit der Wallfahrt kam zu einem Ende und blühte erst zu Beginn des 20. Jahrhunderts in bescheidenerem Umfang wieder auf.

Von diesen Unruhen um die Kapelle ist heute nichts mehr zu spüren, stattdessen findet der Besucher einen Ort friedlicher Andacht vor, der im Inneren die Erdverbundenheit der äußeren Gestaltung fortführt. Dass von den Votivbildern nur noch einige neuere vorhanden sind und das Bild des gegeißelten Heilands über dem Altar durch ein Gipsrelief ersetzt wurde, tut der Aura dieses Ortes ebenso wenig Abbruch wie die zwischenzeitlich erfolgten, ganz offensichtlich behutsamen Renovierungen.

Adresse Nähe Höhengau, 92256 Hahnbach-Höhengau | Anfahrt A 6, Ausfahrt Amberg-West, der B 299 über Amberg hinaus für circa 13 Kilometer folgen, auf Höhe Ursulapoppenricht rechts auf Speckshofer Straße, links auf Alte Dorfstraße, nach 100 Metern rechts, der Straße bis Höhengau folgen, dort auf dem Parkplatz links parken, zurück auf Höhengauer Weg und gleich rechts auf den Wanderweg, für circa 600 Meter folgen | Öffnungszeiten Innenraum durchs Tor einsehbar | Tipp Ab nach Upo: Mit Ursulapoppenricht, bei den Bewohnern aus praktischen Gründen »Upo« genannt, befindet sich einer der Orte mit den längsten Namen im Freistaat in unmittelbarer Nähe. Unbedingt auf das (ziemlich vollgequetschte) Ortsschild achten!

63 Die Tierauffangstation

Wo Haie nicht gefüttert werden dürfen

Was dem Besucher, ob Groß oder Klein, ein recht unbeschwertes Ausflugsfeeling vermittelt, ist dem persönlichen und finanziellen Engagement und der großen Tierliebe von Hans Weiß und seinem ehrenamtlichen Team zu verdanken: Diese Auffangstation, passenderweise »Das Nest« genannt, bietet schon seit 1991 Tieren – von normalerweise wild lebenden über Haustiere bis hin zu Exoten – ein dauerhaftes oder vorübergehendes Zuhause. Seit dem Jahr 1996 wird die mittlerweile staatlich anerkannte Einrichtung von Weiß privat betrieben. Bis zu 250 Tiere jährlich werden hier abgegeben, im Krankheitsfall gesund gepflegt, nach Möglichkeit wieder in die Freiheit entlassen oder weitervermittelt. Oder aber sie finden hier auf Dauer ihr liebevolles »Nest« – wie das zutrauliche, mutmaßlich mutterlose Rehkitz, das die Gesellschaft von Menschen suchte, statt sie zu meiden, und sich somit als zu wenig scheu für ein Überleben in der Wildnis erwiesen hat.

Wir schlendern vorbei an Gehegen und Volieren und sind verblüfft, welche Vielfalt an Tierarten im »Nest« gelandet ist: Von den Greifvögeln über Fuchs, Pfau, Waschbär und Stachelschwein bis hin zum Strauß, der sich ein schattiges Plätzchen unter einem Baum gesucht hat, kommt man den Bewohnern hier außerordentlich nah. Während ich noch Auge in Auge mit einem Emu verweile, stellt meine Tochter erfreut fest, dass Riesenschildkröten viel schneller sind als gedacht. Nur angesichts des Warnschildes, das den Weiher in der Mitte des Geländes ziert, wird sie für einen Moment recht still, während ich schmunzle. Das augenzwinkernde Haifütterungsverbot ist eine von vielen zu entdeckenden Kleinigkeiten, die das »Nest« so liebenswert machen – neben den tierischen Stars natürlich.

Der Unterhalt dieser Einrichtung ist kostspielig, dennoch wird keine Eintrittsgebühr erhoben. Eine kleine Spende aber wird der Besuch im »Nest« jedem Tierliebhaber wert sein!

Adresse Kümmersbuch 8, 92256 Hahnbach-Kümmersbuch | Anfahrt A 6, Ausfahrt Amberg-West, der B 299 über Amberg hinaus für circa 5,2 Kilometer folgen, links nach Vilseck/Hahnbach, nach 5,1 Kilometern erneut links Richtung Kümmersbuch, für circa 500 Meter folgen, die Tierauffangstation befindet sich rechts (bitte unbedingt rücksichtsvoll parken) | Öffnungszeiten täglich von Sonnenauf- bis Sonnenuntergang | Tipp Ganz schön beerig: Blaubeeren zum Selberpflücken gibt es jährlich ab circa Mitte Juli auf dem Beerenhof der Familie Wiesneth (geöffnet Di und Do 17–20 Uhr, Sa 9–15 Uhr; Mülles 9).

64 Der Getreidekasten

Aus die Maus!

Der Name des kleinen Hahnbacher Ortsteils Mausdorf hat wohl nichts mit den possierlichen Tierchen zu tun, sondern rührt von einem slawischen Vornamen her – was der Freude über diese zumindest den Ortsnamen nach recht tierische Marktgemeinde aber keinen Abbruch tut. Eine klitzekleine Rolle spielen die Mäuse aber dann doch, zumindest wenn es um die Sehenswürdigkeit geht, die sich in Mausdorf befindet: Um das gedroschene Getreide vor Mäusefraß, aber auch vor Feuchtigkeit, Raub und Feuer zu schützen, bediente man sich früher sogenannter Getreidekästen, also Räumen oder Gebäuden, die als schützende Speicher dienten. Meistens waren diese Kästen besonders massiv gebaut, frei stehend und nur mit kleinen Lichtöffnungen versehen. Heute sind in der gesamten Oberpfalz nur mehr zwei solcher bäuerlicher Getreidekästen aus der Zeit vor dem Dreißigjährigen Krieg erhalten: in Matting bei Regensburg sowie eben in Mausdorf. Was den Besucher hier erwartet, ist also eine wahre historische Rarität, und das sieht man ihr auch an.

Das mutmaßlich in der zweiten Hälfte des 16. Jahrhunderts erbaute, früher wohl verputzte Gebäude ist heute steinsichtig und macht trotz einer nach einem Dacheinsturz Mitte der 1950er Jahre erfolgten Renovierung keinen Hehl aus seinem fortgeschrittenen Alter. Über zwei Geschosse verfügt das acht Meter hohe Bauwerk, sowie einen zum Teil in den Fels gehauenen Keller, der der Lagerung von Rüben und Milcherzeugnissen, später auch Kartoffeln diente.

In der Außenansicht wird das Bauwerk zudem durch eine Besonderheit aufgewertet: An der Nordseite wurde eine Kapelle errichtet, die Inschrift »1724« lässt auf das Jahr der Erbauung schließen. Mit einem Grundriss von lediglich zwei Meter Tiefe auf zweieinhalb Metern Breite ist dieser Anbau klein genug, um den historischen Getreidekasten ästhetisch zu ergänzen, ohne ihn jedoch in den Schatten zu stellen.

Adresse Nähe Mausdorf 5, 92256 Hahnbach-Mausdorf | Anfahrt A 6, Ausfahrt Amberg-West, der B 299 über Amberg hinaus für circa 15 Kilometer folgen, dann rechts Richtung Mimbach/Mausdorf, in Mimbach rechts halten, in Mausdorf rechts halten, dann wieder rechts, der Getreidekasten befindet sich rechts | Tipp Aufstieg: Auf einem knapp 20-minütigen Spaziergang erklimmt man den Mausberg, auf dem die denkmalgeschützte Wallfahrtskirche thront (Mausberg 1).

65 Der Doggerstollen

Steinerner Zeuge der Unmenschlichkeit

Sie liegt idyllisch da, die Houbirg, der Berg also, der namensgebend für den Ort Happurg zu seinen Füßen war. Und doch spielte sich hier einst ein Grauen ab, das die Grenzen des Vorstellbaren sprengt.

Knapp 80 KZ-Außenlager entstanden zwischen 1942 und 1945 rund um das Hauptlager Flossenbürg, das zweitgrößte unter ihnen in Hersbruck, wo 9.000 Häftlinge ab 1944 in einem Barackenlager am Ortsrand untergebracht waren. Jeden Morgen mussten sie die fünf Kilometer lange Strecke zur Houbirg laufen, wo sie unter Zwang und unmenschlichen Bedingungen ein Stollensystem in den Dogger (Sandstein) des Berges gruben, das den Nazis die Verlagerung der Rüstungsproduktion unter Tage ermöglichen sollte, um sie vor feindlichen Bombardements zu schützen. Nach stundenlanger getaner Schwerstarbeit wurden die Gefangenen abends wieder zum Barackenlager getrieben, oft genug in dezimierter Anzahl: Bis zu 30 Menschen starben täglich, an der harten Arbeit, der mangelhaften Ernährung oder schlicht aus Verzweiflung. Insgesamt 4.000 Menschen verloren ihr Leben als Gefangene des Außenlagers.

Die Stollenanlage ist mittlerweile stark einsturzgefährdet und nicht zugänglich, aber allein die insgesamt acht verschlossenen, hohen Eingänge, in das harte Gestein der Houbirg geschlagen, erzählen ihre Geschichte von Mühsal, Grauen und Leid, die nicht vergessen werden darf. Zudem hat der Dokumentationsstätte KZ Hersbruck e. V. in Zusammenarbeit mit der Gedenkstätte des KZ Flossenbürg in Hersbruck und Happurg Gedenkorte geschaffen, die die düstere NS-Vergangenheit dokumentieren.

Mit Herannahen der amerikanischen Truppen 1945 wurde die Arbeit am nur teilweise fertiggestellten Stollensystem aufgegeben, das Außenlager weitgehend geräumt und die Häftlinge auf Todesmärsche gen Dachau getrieben. Zur geplanten unterirdischen Produktion von Flugzeugmotoren für BMW kam es nicht mehr.

Adresse Nähe Südring, 91230 Happurg, www.kz-hersbruck-info.de | Anfahrt A 6, Ausfahrt Alfeld, Richtung Hersbruck für gut 15 Kilometer, rechts nach Happurg auf Hersbrucker Straße, nach 500 Metern links auf Grabenstraße, nach 250 Metern rechts auf Höhenweg, nach 180 Metern links auf Südweg, beim Dokumentationsort parken, rechts daneben zu Fuß auf die Houbirg (circa 250 Meter zum ersten Stolleneingang) | Tipp Seeblick: Vom Café & Restaurant »Seeterrassen« (Seepromenade 1, Öffnungszeiten unter www.seeterrassen.com) hat man einen phantastischen Ausblick auf den heute idyllischen Happurger Stausee. Vor seiner Erbauung 1955 war dort allerdings ein nur zum Teil fertiggestelltes KZ-Außenlager zu finden.

66 Die Kaolingruben

Das weiße Gold der Oberpfalz

Natürlich, der »Monte Kaolino« mit seinem dort entstandenen Freizeitpark, der vom Sandsnowboarden über das Freibad bis zum Hochseilgarten zahlreiche Angebote bereithält, ist in der Region hinlänglich bekannt und das beste Beispiel dafür, wie man aus der Not eine Tugend macht: Der Quarzsand, der bei der Kaolingewinnung anfällt, ist in diesen großen Mengen nicht verwertbar, die 120 Meter hoch aufgeschüttete Halde letztlich also ein perfekt umfunktioniertes Abfallprodukt. Wem die Menschenmassen, die dorthin strömen, nicht allzu verlockend erscheinen, für den hält der Kaolinabbau in Hirschau dennoch Sehenswertes bereit.

Es ist kein Wunder, dass es die Kaolingruben auf die Liste »Bayerns schönste Geotope« geschafft haben: Wer in die riesigen weißen Gruben mit ihren blaugrün schimmernden Wasseransammlungen blickt, all das vielleicht noch unter einem bayerisch weiß-blauen Himmel, der wird von dieser fulminanten Aussicht unweigerlich beeindruckt sein – schließlich ist das Kaolinvorkommen zwischen Hirschau und Schnaittenbach, wo 1833 mit dem Abbau begonnen wurde, eines der größten Europas.

Auch die Industriegeschichte Nordostbayerns wurde von diesem Bodenschatz, auch »Weißes Gold« genannt, maßgeblich beeinflusst, schließlich war die Region über lange Zeit ein wichtiges Zentrum der Porzellanindustrie mit zahlreichen Unternehmen und Manufakturen. Die Branche hat zwar im Laufe der Zeit drastisch an Bedeutung verloren, nicht jedoch das Kaolin: Statt Porzellan wird nun vorwiegend Papier und Keramik aus dem Rohstoff hergestellt.

Nach dem überwältigenden Blick in die Gruben kann man auf dem Industriepfad des »Geoparks Kaolinrevier Hirschau – Schnaittenbach« tiefer in die Geschichte des Kaolinabbaus eintauchen; Station 1 befindet sich am Fuß des Monte Kaolino. Oder man lässt sich doch vom Trubel verführen und stürzt sich ins Getümmel.

Adresse Wolfgang-Droßbach-Straße, 92242 Hirschau | Anfahrt A 93, Ausfahrt Wernberg-Köblitz, auf B 14 Richtung Hirschau, dort links auf Wolfgang-Droßbach-Straße (Beschilderung »Monte Kaolino«) für rund 900 Meter bis zur Schautafel folgen (zu beiden Seiten verlaufen Wege entlang der Gruben) | Tipp Kalorienzufuhr: Im »Café Zuckersüß« mit seinen saftigen Kuchen und anderen Leckereien ist der Name Programm (Hauptstraße 54, geöffnet Mi und So 13–18 Uhr und Do, Fr und Sa 9.30–18 Uhr).

67 Die Fresken

Oder: Der schulpflichtige Jesus

Die Pfarrkirche St. Michael, die auf ihrer Anhöhe über den Hirschauer Ortsteil Ehenfeld wacht, ist beim besten Willen nicht zu übersehen. Der kunsthistorische Schatz, der sich in dieser hübschen, für den Landstrich durchaus typisch gestalteten Kirche verbirgt, verdient allerdings einen genaueren Blick.

Erstmalig urkundlich erwähnt wurde Ehenfeld im Jahr 1130, und ebenfalls in die Zeit des 12. Jahrhunderts fällt wohl die Errichtung eines Kirchleins, dessen damaliger Chorraum die heutige Sakristei von St. Michael darstellt. Dennoch muss die Überraschung groß gewesen sein, als der damals in Ehenfeld wirkende Pfarrer Blüml im Jahr 1962 unter dem bröckelnden Putz aus dem 16. Jahrhundert die Fresken entdeckte, die – übrigens nur aufgrund dieser schützenden Putzschicht – die Jahrhunderte überdauerten. Die Legende, dass ebendieser Pfarrer Blüml sich umgehend selbst handwerklich betätigte, auf eine Leiter stieg und versuchte, der Sache auf den Grund zu gehen, kann heute nicht mehr zweifelsfrei verifiziert werden. Glücklicherweise erkannte er aber wohl schnell den Wert seiner Entdeckung, sodass mit der weiteren Freilegung ein Fachmann beauftragt wurde.

Neben zahlreichen anderen Figuren und Symbolen kamen auch die zwölf Apostel zum Vorschein, der Großteil der Fresken stammt aus der Spätgotik um 1500 und verblüfft noch heute durch seine farbenfrohe Detailtreue. Das Highlight aber ist das älteste zu besichtigende Werk, eine romanische Malerei aus dem 13. Jahrhundert, die sich des Motivs von »Jesu Schulgang« bedient und in ebenfalls erstaunlich kräftigen Farben eine energische Muttergottes mit ihrem zum Glück nicht allzu widerspenstigen Knaben an der Hand zeigt.

Besonders beachtenswert ist nicht nur der große stilistische Unterschied der in verschiedenen Epochen entstandenen Malereien, sondern auch ihre deutlich erkennbare Gemeinsamkeit: liebevolle Sorgfalt als Ausdruck tiefer Religiosität.

Adresse Nähe Ehenfeld 4, 92242 Hirschau-Ehenfeld | Anfahrt A 93, Ausfahrt Wernberg-Köblitz, auf B 14 Richtung Schnaittenbach, dort nach 10,3 Kilometern rechts auf Kindlaser Weg, nach 2,6 Kilometern leicht links, nach 3,2 Kilometern im Kreisverkehr 1. Ausfahrt, nach 600 Metern links Richtung Ehenfeld, nach 250 Metern rechts und bis zur Kirche folgen | Öffnungszeiten Führungen auf Anfrage, Pfarramt Hirschau, Tel. 09622/2331 | Tipp Ehenbachweg: Nur circa einen halben Kilometer südlich von Ehenfeld entspringt der Ehenbach aus einer neu gefassten Quelle, von wo ein 19,4 Kilometer langer Wanderweg (Markierung: blauer Querbalken auf weißem Rechteck) bis zur Mündung in die Naab bei Wernberg-Köblitz führt.

68 Der Mühlsteinbruch

Steine (fast) für die Ewigkeit

Allein würde man dieses Geotop wahrscheinlich nicht finden, so versteckt, wie es im Wald in der Nähe von Massenricht hinter einer kleinen Kuppe liegt. Zum Glück steht mir an diesem Tag der orts- und sachkundige Josef Kohl zur Seite, ein passionierter Hobby-Geologe, der hier im Oberpfälzer Bruchschollenland aus dem Vollen schöpfen kann.

Und tatsächlich: Der ehemalige Mühlsteinbruch, der sich in Form einer eindrucksvollen Bruchwand präsentiert, ist nicht nur auf den ersten Blick interessant. Urkundlich erstmalig 1660 erwähnt, wurde im Jahr 1792 für diesen Steinbruch bereits jahrhundertelanger Abbau von Mühlsteinen dokumentiert, und das noch dazu von besonderer Qualität: Gleichmäßig hart und pöros, wurde der Quarzsandstein aus Massenricht nicht nur in der Region genutzt, um in den Mühlen bestmöglich Mehl zu mahlen – er war wohl auch ein Exportschlager. Und ein haltbarer noch dazu: Beim Bau des Kirchturms der Pfarrkirche Mariä Himmelfahrt in Hirschau 1753 hat man Steine aus ebendiesem Steinbruch verwendet. »Und er steht bis heute«, betont Josef Kohl, dem die Begeisterung für die geologischen Besonderheiten der Region deutlich anzumerken ist, mit einem Schmunzeln.

Der Steinbruch in Massenricht ist der imposanteste von mehreren Mühlsteinbrüchen, die sich hier aneinanderreihen wie Perlen auf der Schnur. Verantwortlich dafür ist die »Freihunger Störung«, entlang derer die ursprünglich horizontal abgelagerten Gesteinsschichten senkrecht aufgestellt wurden. Bis zu 34 Zentner wogen die Blöcke, die die Arbeiter mühevoll aus dem Steinbruch schlugen und auf einem Netz aus Altstraßen zum jeweiligen Ziel transportierten. Nach einem Wassereinbruch und der Umstellung vieler Mühlen von Stein auf Eisenwalzen wurde der Betrieb im Jahr 1893 jedoch eingestellt.

Zurückgeblieben ist ein Geotop, das nicht nur Josef Kohls Augen zum Leuchten bringt.

Adresse Nähe Träglhof 1, 92242 Hirschau | Anfahrt A 93, Ausfahrt Wernberg-Köblitz, auf B 14 Richtung Schnaittenbach/Hirschau, in Schnaittenbach rechts auf Kindlaser Weg, nach 2,6 Kilometern leicht links, nach 3,2 Kilometern im Kreisverkehr die erste Ausfahrt, nach 2,6 Kilometern (Ortsende Träglhof) parken und dem Lehrpfad »Expedition Erdgeschichte« (Markierung: grüner Kreis) für einen Kilometer nach Norden folgen, der Steinbruch befindet sich im Wald hinter einer Kuppe rechts | Öffnungszeiten jederzeit begehbar, Führungen auf Anfrage, Herr Josef Kohl, wanderwege@massenricht.de | Tipp Rödlasturm: Auf dem Rödlasberg befindet sich der 32 Meter hohe Turm mit seinem phänomenalen Ausblick – bei entsprechendem Wetter im Süden sogar bis zum Arber!

69__Die Norbert-von-Xanten-Kapelle

Farbenfroher Balsam für die Seele

Welche Adjektive man auch immer findet, um Kirchen und Kapellen zu beschreiben: »Lichtdurchflutet«, »bunt« und »fröhlich« gehören eher selten dazu. Ganz anders im Falle der 2019 errichteten, dem heiligen Norbert von Xanten geweihten Kapelle, die sich auf einer Streuobstwiese oberhalb des kleinen Ortsteils Steiningloh wie ein erhellender Farbtupfer in die hügelige Landschaft fügt.

Ungewöhnlich für eine Kapelle ist schon allein die helle, aber durchaus sakral anmutende Holzkonstruktion. Dazu kommt das von Sebastian Strobl gestaltete Kreuz im Altarerker, das, obwohl massiv, doch eine verspielte Leichtigkeit ausstrahlt. Vor allem aber der großzügige Einsatz von Glas, für dessen Bemalung mit Motiven der Schöpfungsgeschichte in den leuchtendsten Farben die Schnaittenbacher Künstlerin Gerti Gerhards verantwortlich zeichnet, verleiht der Kapelle ihren besonderen Reiz. Der bunt gefärbte Lichteinfall bezaubert, der Blick nach draußen wiederum, auf die umgebende Landschaft, gewinnt mit den lebhaften Motiven im Vordergrund eine neue Facette: als würde man sich, zurückgezogen im geschützten Raum, der Welt dort draußen erst richtig öffnen können, um ihre ganze Schönheit zu entdecken.

Errichtet wurde die Kapelle auf Initiative der Steiningloher Lydia und Norbert Graf, dessen Namenspatron die Kapelle schließlich auch gewidmet wurde. Bedauerlicherweise musste die Einweihung im Oktober 2019 ohne die während der Errichtung verstorbene Lydia Graf stattfinden; umso schöner aber ist der Gedanke, dass sie mit der Kapelle etwas Besonderes hinterlassen hat: Man muss nicht gläubig sein, um an diesem inspirierenden Ort im Rückzug zur Ruhe zu kommen, neue Kraft zu tanken und dabei doch die Schönheit der Welt, die einen umgibt, erst wirklich wahrzunehmen.

Adresse Nähe Steiningloh 5, 92242 Hirschau-Steiningloh | Anfahrt A 6, Ausfahrt Amberg-West, der B 299 über Amberg hinaus für circa 13 Kilometer folgen, auf Höhe Ursulapoppenricht rechts auf Speckshofer Straße, links auf Alte Dorfstraße, nach 100 Metern rechts, bis Steiningloh folgen, dort beim Feuerwehrhaus links und für knapp 300 Meter bergauf folgen | Öffnungszeiten tagsüber | Tipp Markttreiben: Auf dem Hirschauer Marktplatz findet donnerstags 13.30 bis 17.30 Uhr der Wochenmarkt mit Spezialitäten aus der Region statt. Auch ein Blick auf den neuen Stadtbrunnen mit seinen spuckenden Hirschen lohnt!

70 Der Himmel

Die Frankenalb zu Füßen

Liegt es an der teilweise durchaus kräftezehrenden Wanderung, die hinter einem liegt, oder an der hervorragenden Fernsicht, die man hier zumindest bei Kaiserwetter in aller Stille genießen kann? Oder ist es doch einfach nur dieser Fleck Erde an sich, der schafft, was all den schönen Aussichtspunkten auf der Welt bisher selten gelungen ist: Ich schaue. Nicht kurz, nicht fünf Minuten, nicht einmal quer, bis ich alles gesehen habe, was es zu sehen gibt, um dann, durchaus ein bisschen ungemütlich, schon wieder an den baldigen Aufbruch zu denken. Ich schaue, und ich könnte auch in einer halben Stunde noch schauen, ohne sofort zu begreifen, woran genau das liegt.

Sicher, die Aussicht hier, auf einem Felsplateau oberhalb des Höhenglücksteigs (bitte keine Steine lostreten!), ist ziemlich beeindruckend, sogar den Nürnberger Fernsehturm meint man in der Ferne zu erkennen. Aber auch der Aussichtspunkt selbst sorgt für ein ganz besonderes Gefühl: Wie auf einer Empore sitzt man hier in schwindelerregender Höhe, beschirmt von schattenspendenden Bäumen, die die Holzbank wie zwei Wächter zu beiden Seiten flankieren, deren Laub aber nicht den Blick versperrt, sondern ihn umrahmt und damit erst so richtig in den Mittelpunkt rückt. Vielleicht fühlt man sich deswegen am »Himmel« dem Himmel so nah, erhaben und trotzdem wohl behütet, während man die zu Füßen liegende Frankenalb bestaunt.

Man läuft hier also durchaus Gefahr, die Zeit zu vergessen, und so bleibt nur ein Trost, wenn man sich schließlich schweren Herzens doch losreißt: Man kann ja wiederkommen. Sicher, der äußerst abwechslungsreiche Wanderweg Nummer 2, der zum Himmel führt, verleitet beim einen oder anderen Aufstieg durchaus dazu, ihn im Geiste zu verfluchen. Und doch sind alle Strapazen gerechtfertigt: Dieser Logenplatz im Himmel ist einfach zu schön, um ihn nur einmal zu genießen.

Adresse Nähe Im Reichental, 92275 Hirschbach | Anfahrt B 85, Abfahrt Richtung Etzelwang/Neukirchen, nach Etzelwang links Richtung Hirschbach, nach einem Kilometer wieder links Richtung Hirschbach, in Hirschbach links auf Dorfplatz, wieder links auf Im Reichental, am Wanderparkplatz parken und zu Fuß über Dorfplatz zum Waldrand und auf Rundwanderweg 2 (weiße 2 auf grünem Grund), die Strecke kann durch Abkürzung halbiert werden (Wanderkarte unter www.hirschbachtal.de) | Tipp Stadionberg: Im Ortsteil Oberklausen wurde im Dritten Reich am Hang des Stockbühl ein Modell für Hitlers »Deutsches Stadion« errichtet, das allein Platz für 40.000 Personen bot. Die Betonsockel der Tribünen sind dort noch heute zu sehen.

71 Der Zyprianstein

Eine Riesenschildkröte aus dem Tertiär

Ein Riesending ist er, dieser Steinblock, der wie aus dem Himmel gefallen scheint und unseren Vorfahren ziemliche Rätsel aufgegeben hat. Kein Wunder also, dass sie ihn und seine Artgenossen »Teufelssteine« nannten. Auch die Bezeichnungen »Opferstein« oder »Hexenstein« kursieren noch heute im Volksmund, und wahrscheinlich stehen zumindest die größeren unter ihnen tatsächlich mit vorgeschichtlichen Kultplätzen in Verbindung.

Mittlerweile weiß man aber mehr über diese Steinblöcke, die sogenannten »Kallmünzer«, und so viel ist klar: Der Teufel hatte seine Hand bei ihrer Entstehung nicht im Spiel. Mutmaßlich drang in der Kreidezeit das Meer aus Südosten durch Landsenkung bis in den Bereich der heutigen Fränkischen Schweiz vor und führte Quarzsande mit sich, die sich vor Ort ablagerten. Im Tertiär wurden die Quarzsande dann durch eindringende Kieselsäure gebunden; Erosion und Erdbewegung wiederum sorgten dafür, dass im Anschluss das weichere Material abgetragen wurde, während das harte liegen blieb. Et voilà, die Kallmünzer, verstreut als Findlinge in Wald und Flur, waren geboren. Dabei kommt ein Kallmünzer selten allein: Auch hier auf dem »Steinberg«, rund um den nach dem Geologen Georg Zyprian benannten Zyprianstein, finden sich circa 80 weitere, kleinere Exemplare.

Aus der richtigen Perspektive erinnert der Zyprianstein an eine gigantische Riesenschildkröte, allerdings haben er und seine Artgenossen noch weit mehr Jahre auf dem Buckel als jedes tierische Pendant: Mindestens stolze 60 Millionen Jahre zählt der Kallmünzer, der mit seinen beeindruckenden Maßen als größtes Exemplar seiner Gattung in ganz Deutschland gilt. Sechs Meter lang, vier Meter breit und drei Meter hoch, bringt der Steinblock ein geschätztes Gewicht von 100 Tonnen auf die (imaginäre) Waage. Dieses Geotop (mit Infotafel) ist also ein ziemlich dicker Brummer – mit langer Geschichte.

Adresse Nähe Oberachtel, 92275 Hirschbach-Oberachtel | Anfahrt ab Amberg auf B 85 bis Edelsfeld, links nach Hirschbach, in Eschenfelden links nach Hirschbach, in Unterachtel rechts nach Oberachtel, dort dem Forstweg nach Norden Richtung Neuhaus für circa 2,7 Kilometer folgen, beim großen Abzweig nach links parken, auf dem ursprünglichen Forstweg für knapp 100 Meter weiter, rechts abbiegen (Beschilderung »Zyprianstein«), nach circa 250 Metern wieder rechts, dann erneut rechts abbiegen auf Trampelpfad (Beschilderung »Zyprianstein«) | Tipp Röhrende Motoren: Das Kontrastprogramm bietet an Wochenenden und Feiertagen nachmittags das im Ortsteil Eschenfelden gelegene »Speedtreibhaus«, ein privat betriebenes Oldtimer-Museum mit Renn- und Sportwägen (Heinrich-Hertz-Platz 5).

72 Das Fledermaushaus

Ein First-Class-Hotel für Hufis

Fledermäuse belegen im Ranking der beliebtesten Tiere wohl selten die vorderen Plätze, zu belastet durch Dracula und Co. scheint unser Verhältnis zu diesen Geschöpfen der Nacht. Und doch lohnt es, ihnen eine Chance zu geben, davon zeugt ein Besuch im Fledermaushaus, ein Paradebeispiel für erfolgreichen Artenschutz: Vor nicht allzu langer Zeit galt die hier ansässige Art, die Große Hufeisennase, als nahezu ausgestorben. Lediglich 21 Exemplare wurden gezählt, als die Wochenstube dieser einzigen verbliebenen Kolonie Deutschlands im Jahr 1992 in dem ehemaligen Leerstand entdeckt wurde, in dem heute das Fledermaushaus untergebracht ist.

Auch wenn das Ziel des Projekts, die Bildung von Ableger-Kolonien, noch nicht erreicht ist, geht es den »Hufis«, wie der Gebietsbetreuer des LBV, Alexander Gnatz, sie liebevoll tituliert, zweifellos gut im Lauterachtal: Neben der Sanierung des Anwesens und der Einrichtung eines Infozentrums für Besucher wurden Wärmeglocken in der Wochenstube installiert, Barrieren gegen natürliche Feinde errichtet, Weideflächen optimiert, um die Jagdbedingungen zu verbessern, sowie weitere Quartiere gesichert, auch auf dem angrenzenden Truppenübungsplatz Hohenfels. Im Sommer 2021 war die Population bereits auf 341 erwachsene Tiere angewachsen.

Via Kamera vor Ort oder Webcam auf der Internetseite des LBV erhält man Einblick in die Wochenstube, in der sich die Damen – geschlechtsreife Männchen halten sich hier nicht auf –, kurz vor der Geburt kugelrund und sehr niedlich, in Clustern zusammenkuscheln. Spätestens wenn man dabei Zeuge einer Geburt wird, kann man sein Herz wohl nicht mehr verschließen – zu rührend ist der Anblick einer tapferen Mama »Hufi«, die ihr Kind (entgegen der Schwerkraft!) zur Welt bringt und es danach, fast ein bisschen menschlich, in die Flügel schließt. Also auf zu den Hohenburger Hufis – sie werden auch Ihr Herz im Flug erobern!

Adresse Marktplatz 32, 92277 Hohenburg | **Anfahrt** A 6, Ausfahrt Amberg-West, dann Richtung Hohenburg, in Allersburg links Richtung Hohenburg/Schmidmühlen, in Hohenburg bis Marktplatz, das Fledermaushaus steht rechts | **Öffnungszeiten** Mai–Aug. jeden Freitag Führung und Ausflugsbeobachtung, Mai und Aug. 19 Uhr, Juni und Juli 20 Uhr, Voranmeldung unter hohenburg@lbv.de oder per WhatsApp unter Tel. 0174/1929704 | **Tipp** Rahmenprogramm: Es lohnt sich, vorab über den hübschen Marktplatz mit seinen farbenfrohen Häusern zu schlendern, im Marktladen Regionales einzukaufen (Marktplatz 19, geöffnet bis 18 Uhr) oder in der Hammermühle (Hammermühlstraße 32, geöffnet bis 19 Uhr) einzukehren.

73__Die Wacholderheide

Warum in die Ferne schweifen …?

So schön die Heimat auch ist: Manchmal lockt der Süden, sein fremder Duft, der Blick auf eine Landschaft abseits der bekannten Felder, sattgrünen Wiesen und Wälder. Wie schön also, dass man im Amberg-Sulzbacher Land keine weite Reise unternehmen muss, um inmitten der Toskana zu landen. Der würzig duftende Trockenrasen der Wacholderheide im Lauterachtal mit ihren Kräutern, Orchideen und Wacholderbüschen, die sich zypressenartig, teils bizarr geformt der Sonne entgegenrecken, erweckt automatisch den Gedanken an die einerseits karge, andererseits so üppige Landschaft der italienischen Region, in der sich Ursprünglichkeit und Dolce Vita mühelos die Hand reichen. Schmetterlinge, die sich von der Vegetation besonders angezogen fühlen, begleiten den Wanderer auf seinem Weg, und trifft man dann noch auf eine weidende Schafherde, so wähnt man sich unweigerlich in einem alten mediterranen Landschaftsgemälde.

Die Wacholderheide bei Adertshausen, die sich zudem durch ihre besonders schroffen und eigenwilligen Felsformationen auszeichnet, ist Teil des circa 31 Kilometer langen Wacholderwanderwegs, der von Schmidmühlen nach Kastl führt. Über den Radweg im Tal kann neben anderen Abschnitten aber auch dieser Abschnitt als Rundwanderung mit dem Start- und Zielpunkt Adertshausen absolviert werden: Die knapp fünf Kilometer lange Route führt dabei auf dem Wacholderwanderweg nach Hohenburg-Stettkirchen, wo bei der Wallfahrtskirche Mariä Heimsuchung der Abstieg ins Tal erfolgt; entlang der Lauterach geht es dann zurück.

Wer den Besuch der Wacholderheide noch ein wenig länger nachhallen lassen möchte, dem sei der Genuss des Wacholderwanderweg-Gins empfohlen, der mit ebendiesem Wacholder aus dem Lauterachtal hergestellt wird und in der Amberger Tourist-Info sowie in Hohenburg in der »Pension Stauber« und im Marktladen erworben werden kann. So schmeckt die bayerische Toskana!

Adresse Nähe Adertshausen 28, 92277 Hohenburg-Adertshausen | **Anfahrt** A 6, Ausfahrt Amberg-West, Richtung Hohenburg, in Allersburg links Richtung Hohenburg, rund drei Kilometer bis Adertshausen, dort rechts, bei der Kirche parken, über die Lauterachbrücke und die Staatsstraße, dann links bergauf, nach circa 150 Metern links in den Wanderweg | **Tipp** Quellwasser: Folgt man ab der Adertshausener Kirche dem Lauf der Lauterach für rund 400 Meter in östliche Richtung, so gelangt man zur Hohlsteinquelle – die perfekte Abkühlung für müde Wandererfüße!

74_Der Hopfengarten

Residenz der Diva

Höher, schneller, größer, weiter … Wer nach diesen Superlativen sucht, der wird im Illschwanger Hopfengarten nicht fündig werden. Stattdessen wird hier ein anderer Superlativ bedient: der des kleinsten Hopfenanbaugebietes der Welt.

Dabei ist nicht nur die überschaubare Größe bemerkenswert, sondern auch die traditionelle Anbauweise, der sich der örtliche Gartenbauverein verschrieben hat: Die Hopfentriebe, jeweils drei kräftige Reben, werden zum Teil mit Bast, Gras oder feuchtem Stroh an die sieben bis neun Meter hohen Fichtenholz-Stangen gebunden, und zwar – man lese und staune! – im Uhrzeigersinn, denn tatsächlich stellt der eigensinnige Hopfen das Wachstum ein, wenn er sich nicht rechtsherum um die Rankhilfe winden darf. Doch das ist längst nicht alles: Hopfen verlangt nach besonders gutem Boden, und auch im Anschluss will er liebevoll gehegt und gepflegt werden, nicht umsonst heißt es über ihn, er wolle »jeden Tag seinen Herrn sehen«. Dass er aufgrund der langen Sommertage nur zwischen dem 35. und dem 55. Breitengrad gedeiht, verwundert bei einem derartig anspruchsvollen Gewächs schon nicht mehr.

Aber ob es dem Hopfen nun passt oder nicht: Ende August wird geerntet und die Dolden in gemeinschaftlicher Handarbeit gezupft. Aus dem Ertrag braut dann die SUDHANG Hausbrauerei in Amberg (Ort 14) das Illschwanger Bio-Hopfenbier, das sich dort auch käuflich erwerben lässt.

Der Illschwanger Hopfengarten liegt neben einem Kräuter- und Staudengarten mit einer Vielzahl von einheimischen Pflanzen, ein idyllisches Plätzchen wurde hier geschaffen. Statten Sie der grünen Diva also unbedingt einen Besuch ab! Bekanntermaßen ist ja manchmal auch das Kleinste ganz groß. Und wer dann noch tiefer in die Materie des Hopfenanbaus eintauchen will, kann dies im örtlichen Hopfenmuseum im historischen Holzstadel tun (Besuch nach Vereinbarung).

Adresse Ecke Weiherweg/Am Kohlberg, 92278 Illschwang | **Anfahrt** A 6, Ausfahrt Sulzbach-Rosenberg, Richtung Sulzbach-Rosenberg, nach 1,6 Kilometern rechts Richtung Pesensricht/Illschwang, in Pesensricht rechts Richtung Illschwang, rund 1,5 Kilometer bis Am Kohlberg, der Hopfengarten befindet sich links | **Tipp** Hopfen macht schön: Vor allem bei äußerlicher Anwendung, das beweist ein Besuch im Hopfentherme-Spa des Landhotels »Weißes Ross« mit Bad im Hopfenzuber. Danach kann man den Tag im Hotel-Restaurant »Cheval Blanc«, das mit einem Michelin-Stern ausgezeichnet wurde, kulinarisch ausklingen lassen (Am Kirchberg 1, Spa für Tagesgäste So–Do 10–21 Uhr, www.weisses-ross.de).

75 Die Simultankirche

Religiöse Toleranz mit Hindernissen

Es war die Idee eines fortschrittlichen Geistes, die das Simultaneum im Raum Sulzbach-Rosenberg begründete: Bereits siebenmal hatten die Sulzbacher ihre Konfession, die immer der des aktuellen Regenten entsprechen musste, gewechselt, als der herrschende Pfalzgraf Christian August von Sulzbach 1652 ein Machtwort sprach. Fortan sollten Protestanten und Katholiken vorhandene Kirchen und zugehörige Einrichtungen gemeinsam nutzen, alles sollte den beiden Konfessionen zu gleichen Teilen gehören. Ein wenig Erholung verschaffte das den konversionsgeplagten Bürgern durchaus, andererseits brachte die aufgezwungene religiöse Toleranz aber auch so manches Problem mit sich: Von der Einteilung der Gottesdienstzeiten über das Wohnrecht im Pfarrhaus gestaltete sich die praktische Umsetzung zuweilen konfliktreich, der Streit um die Nutzung des Taufsteins in St. Marien (Sulzbach-Rosenberg), wo sich beide Konfessionen mittels Vorhängeschlössern gegenseitig über 100 Jahre lang die Nutzung verwehrten, dürfte einer der Höhepunkte dieser Auseinandersetzungen gewesen sein. Zu Beginn des 20. Jahrhunderts lösten sich die meisten Simultaneen auf, weil die verbesserte wirtschaftliche Lage den Neubau von Kirchen ermöglichte.

Nur neun aktive Simultankirchen finden sich noch in der Oberpfalz, und nur eine bayernweit, die für beide Konfessionen den Status einer eigenständigen Pfarrkirche mit eigenem Pfarrer innehat: St. Veit in Illschwang, die – man darf es nicht übertreiben mit der Einigkeit – für die Katholiken mit ihrer Vorliebe zum Lateinischen allerdings den Namen St. Vitus trägt. Bereits um das Jahr 1080 als romanische Wehrkirche errichtet, sind heute noch der Turm und ein Teil des ursprünglichen Langhauses erhalten. Besonders sehenswert sind auch die wertvolle barocke Gestaltung und Ausstattung, die aus um 1803 säkularisierten Amberger Klosterkirchen stammen.

Adresse Am Kirchberg, 92278 Illschwang | **Anfahrt** A 6, Ausfahrt Sulzbach-Rosenberg, Richtung Sulzbach-Rosenberg, nach 3,5 Kilometern rechts Richtung Illschwang, bis Illschwang folgen, im Zentrum leicht rechts auf Am Kirchberg | **Öffnungszeiten** täglich 9–18 Uhr | **Tipp** Koffeinzufuhr: Leckeren, frisch gerösteten Kaffee gibt es in Illschwang bei Janzen Kaffee (Bergstraße 11, geöffnet Do und Fr 15–18 Uhr, Sa 9–12 Uhr und nach Vereinbarung unter Tel. 09666/1885846).

76 Der Eisbauernhof

Kuhstall mit Überraschungseffekt

Wer sich auf den Weg nach Haar macht, um dem Eisbauernhof der Familie Dehling einen Besuch abzustatten, befindet sich zunächst wohl im Unklaren, was hier zu erwarten ist: Eis? Ein Bauernhof? Und wie passt das zusammen?

Der erste Eindruck ist dann zwar durchaus einladend, aber eher unspektakulär: ein Wohnhaus, ein Stall, der typische Look eines Bauernhofs in der ländlichen Oberpfalz eben. Man muss schon genau hinsehen, um das Schild mit der Aufschrift »EIS« zu entdecken, das sich – fast ein wenig verschämt – auf dem Fensterbrett hinter Blumen versteckt. Dabei hat es dazu keinerlei Grund, könnte sich vielmehr stolz präsentieren, denn schon seit dem Jahr 2004 wird auf dem Hof Eis produziert, selbstverständlich ohne künstliche Zusatzstoffe. Mittlerweile hat die Familie Dehling sogar die eigene Rinderhaltung aufgegeben und verarbeitet stattdessen Milch aus der Region, um sich ganz auf die Herstellung von Sahneeis, Sorbets und Eisbuffets zur Direktvermarktung zu konzentrieren.

Was für das Schild gilt, lässt sich auch über die Hausherrin sagen: In aller Bescheidenheit lädt Frau Dehling in den einstigen Kuhstall ein. Dabei ist der Wow-Effekt grandios! Hier ist ein überaus geschmackvoll gestaltetes Café entstanden, liebevoll dekoriert bis ins letzte Detail. Nicht nur Eis und Kaffeespezialitäten werden dem Gast kredenzt, auch Frühstück und hausgemachte Kuchen stehen auf dem Programm, und bei schönem Wetter sitzt man lauschig auf dem Hof des Anwesens im Freien und lässt die ländlich-heimelige Atmosphäre auf sich wirken. Auch wenn die Pandemie die Aufnahme des Cafébetriebs nicht unter den besten Stern gestellt hat: Genuss wird hier großgeschrieben, die Location ist zauberhaft, und Frau Dehling erweist sich als perfekte Gastgeberin – kein Grund also, übermäßig bescheiden zu sein. Überzeugen Sie sich doch einfach selbst: Hier können Gäste aus dem Vollen schöpfen!

Adresse Haar 7, 92278 Illschwang-Haar | **Anfahrt** A 6, Ausfahrt Sulzbach-Rosenberg, Richtung Sulzbach-Rosenberg, nach 7,6 Kilometern rechts Richtung Haar, in Haar links und für 170 Meter folgen | **Öffnungszeiten** Do 9–12 und 14–17 Uhr, Fr 9–12 Uhr und auf Anfrage, Tel. 09661/80737 | **Tipp** Traumpfad: Ein circa anderthalbstündiger Spaziergang durch den Wald entlang künstlerisch gestalteter Tafeln sorgt nach eventuellen Kaloriensünden für den nötigen Ausgleich (Einstieg beim Wanderparkplatz an der Osterhöhle zwischen Trondorf und Lockenricht in Neukirchen bei Sulzbach-Rosenberg).

77__Die Filmkulisse

Oberpfalz goes Hollywood

Auf den ersten Blick sieht der Marktplatz in Kastl genau so aus, wie man sich den zentralen Platz eines Ortes im ländlich geprägten bayerischen Raum nun einmal vorstellt: Kopfsteinpflaster, ein schmuckes Rathaus, vereinzelte Geschäfte und Gasthäuser, in der Mitte ein Brunnen.

Und auf den zweiten Blick? Da sieht er immer noch so aus. Was wohl einer der Gründe gewesen sein dürfte, weshalb der bayerische Vorzeigeregisseur Marcus H. Rosenmüller, bekannt spätestens seit seinem Kinoerfolg »Wer früher stirbt ist länger tot« aus dem Jahr 2006, ihn 2011 als Kulisse für seine Komödie »Wer's glaubt wird selig« auswählte. Freilich sprach noch so einiges mehr für den Kastler Marktplatz: etwa dass er für die Dreharbeiten problemlos abgeriegelt werden konnte und auch dass es genügend geeignete Räumlichkeiten für Innendrehs gab, zum Beispiel im filmeigenen Dorfladen, der kurzerhand in einem Leerstand untergebracht wurde, während man das Rathaus zur Schule umfunktionierte. Die gesamte Entourage mit Equipment fand problemlos auf der nahe gelegenen Kirwa-Wiese Platz, und nachdem Kastl im Film nicht sich selbst, sondern den leider durch seine Schneelosigkeit arg gebeutelten Wintersportort Hollerbach darstellt, spielten auch die vom Marktplatz aus sichtbaren, hoch aufragenden Kalkfelsen, die erstaunlich alpines Flair verbreiten, eine Rolle.

Bereut hat man die Entscheidung wohl nicht, die Marktgemeinde sei sehr entgegenkommend gewesen, die Kastler selbst offen und freundlich, heißt es. So also kam es, dass sich 2011 nicht nur eine vielköpfige Filmcrew, sondern auch allerlei Schauspielprominenz in dem ansonsten eher ruhigen Marktflecken einfand, unter anderem Christian Ulmen und die unvergessene Hannelore Elsner.

Heute geht es dort eher wieder beschaulich zu, und selbst die bildgewaltige Explosion eines Autos nahe Rathaus und Brunnen hat keine bleibenden Schäden hinterlassen.

Adresse Marktplatz, 92280 Kastl | Anfahrt A 6, Ausfahrt Amberg-West, auf B 299 Richtung Ursensollen/Kastl/Hohenburg, in Kastl rechts über die Lauterach auf Marktplatz, auf Besucherparkplatz links parken und geradeaus weiter zum Marktplatz | Tipp Schneeballschlacht: In unmittelbarer Nähe (Amberger Straße 2) befindet sich das Hotelrestaurant »Forsthof«, wo nicht nur das im Winter (Adventszeit–Ende Feb.) angebotene Dessert »Kastler Schneeball« eine Sünde wert ist (warme Küche 11.30–21 Uhr, So 11.30–20 Uhr, Di Ruhetag).

78__Die Mumie

Prinzessin im gläsernen Sarg

Ein Ort mit Gruselfaktor verbirgt sich in der imposanten Klosterburg, die für sich genommen schon sehenswert ist: Die ursprüngliche Höhenburg über dem Lauterachtal wurde bereits um das Jahr 1100 in ein Benediktinerkloster umgewandelt, das vierjochige Tonnengewölbe des Mittelschiffes in der romanischen Klosterkirche St. Peter gilt als das größte diesseits des Rheins.

Im »Paradies«, dem Vorraum ebendieser Kirche, wirkt der Barockschrank mit der integrierten Glasvitrine zunächst wenig aufsehenerregend – bis sich offenbart, was darin liegt: Die über 700 Jahre alten sterblichen Überreste der Prinzessin Anna, einer Tochter des damaligen Königs und späteren Kaisers Ludwig des Bayern, rühren den Betrachter auch heute noch an, nicht zuletzt weil unübersehbar ist, dass es sich um den Leichnam eines Kindes im Alter von nachweislich zwölf bis 18 Monaten handelt. Dabei hat sich die Mumie der »kleinen Anna«, wie sie liebevoll genannt wird, trotz schwieriger Umstände als widerstandsfähiger erwiesen, als es das Kind zu Lebzeiten gewesen war: 1319 starb das kleine Mädchen, mutmaßlich seit jeher kränklich, während eines Aufenthalts der königlichen Familie in Kastl. Die Benediktinermönche mumifizierten den Leichnam und bestatteten ihn in einem Hochgrab im Kloster. Im 18. Jahrhundert, nach Übernahme des Klosters durch die Jesuiten, wurde das Grab geöffnet, Annas Überreste waren seitdem – nicht zuletzt durch die einfache Lagerung in einem Barockschrank – schädlichen Einflüssen durch Temperaturschwankungen und Feuchtigkeit ausgesetzt. Um die Mumie vor der Verwesung zu retten, nahm sich 2012/13 ein bereits durch die Arbeit am Iceman Ötzi bekanntes, hoch qualifiziertes Expertenteam aus Bozen der Sache an.

Nach den dringend notwendig gewordenen Konservierungsarbeiten ruht die Mumie der Prinzessin nun sicher im eigens für sie konstruierten Glassarg.

Adresse Klosterburg 3, 92280 Kastl | **Anfahrt** A 6, Ausfahrt Amberg-West, auf B 299 Richtung Ursensollen / Kastl / Hohenburg, in Kastl entsprechend der Beschilderung leicht rechts auf Klosterbergstraße, nach 500 Metern links auf Klosterburg | **Öffnungszeiten** 8 Uhr – Einbruch der Dunkelheit | **Tipp** Burg Nummer zwei: Auch das Grabmal des kaiserlichen Feldherrn Ritter Seyfried Schweppermann befindet sich in der Klosterburg, die sehenswerte Ruine der nach seiner Familie benannten Schweppermannsburg ist in nur rund 2,5 Kilometer Entfernung im Kastler Ortsteil Pfaffenhofen zu besichtigen (der B 299 in westlicher Richtung folgen).

79 Die Hoibruck

Wie aus dem Nichts

Es mag durchaus sein, dass einem hier bei bestem Kaiserwetter etwas mehr Menschen begegnen. An einem zwar trockenen, aber doch recht wolkig-trüben Herbsttag, noch dazu unter der Woche, trifft man auf dem Weg zur Hoibruck allerdings nur sehr vereinzelt auf Spaziergänger, Wanderer und Radfahrer, und so trägt auch die beinahe völlige Ruhe dazu bei, den Wow-Effekt dieses zwischen Ursensollen und Kastl gelegenen Bauwerks noch zu vergrößern.

Dabei war es hier längst nicht immer so leise: Über die ehemalige Bahnbrücke Hoibruck, benannt nach dem angrenzenden Waldstück »Haide«, schnaufte früher die Dampflok, liebevoll »Lauterhöfer Bockl«, auf ihrem 28 Kilometer langen Weg zwischen Amberg und Lauterhofen. Erbaut wurde die aus Dolomit-Hausteinmauerwerk bestehende Brücke von italienischen und kroatischen Gastarbeitern in den Jahren 1902/03, wirklich rentabel war die Bahnlinie Amberg–Lauterhofen aufgrund ihrer ländlichen Lage und der weiten Entfernung vieler Ortschaften zu den einzelnen Stationen allerdings nie. Im Jahr 1962 wurde der Personenverkehr eingestellt, 1972 kam dann auch der Güterverkehr zum Erliegen. Seit der Renovierung 1995/96 ist die Hoibruck nun Teil des empfehlenswerten Schweppermann-Radweges, der Schwarzenfeld mit Neumarkt i. d. Oberpfalz verbindet. Im Winter kann der Weg über die Brücke entsprechend der Witterung als Langlaufloipe genutzt werden.

Rundherum ist also weitgehend Ruhe eingekehrt, und so ist der Anblick der 82,4 Meter langen und 18 Meter hohen Brücke, die sich mit ihren fünf Bögen fast schon majestätisch inmitten der Natur über den Allmannsfelder Graben spannt, umso verblüffender.

Besucher der Hoibruck sollten den von der stillgelegten Bahntrasse abzweigenden kurzen Weg durch lichten Wald bergab ins Tal keinesfalls scheuen, denn seine volle Schönheit offenbart das Bauwerk erst, wenn man staunend zu seinen Füßen steht.

Adresse Zugang ab Nähe Talweg, 92289 Ursensollen | **Anfahrt** A 6, Ausfahrt Amberg-West, auf B 299 Richtung Ursensollen / Kastl / Hohenburg, in Ursensollen links auf Buchenweg, rechts auf Talweg, ortsauswärts bis Schweppermann-Radweg, parken, dem Schweppermann-Radweg 1,6 Kilometer in südwestlicher Richtung folgen | **Tipp** Galaktisch: Wenige Fahrminuten entfernt befindet sich eines von nur drei 3-D-Planetarien Deutschlands (Allmannsberger Weg 20, Informationen unter www.planetarium-ursensollen.de).

80_Der Karner

Platzmangel und Totenkult

Manche Gepflogenheiten sind so aus der Mode gekommen, dass auch ihre Begrifflichkeiten einer Erklärung bedürfen: Bei einem Karner (ab und an auch Kärner genannt) handelt es sich um ein Beinhaus, also um das Gebäude, in dem man die alten Gebeine Verstorbener aufbewahrte, die bei der erneuten Belegung der Gräber zutage gefördert wurden. Knapper Wohnraum ist also kein neuzeitliches und großstädtisches Problem, auch auf den mittelalterlichen Friedhöfen konnte man in einer Zeit steigender Bevölkerungszahlen ein Lied davon singen. Die Praxis der Karner kam erst in der Reformationszeit zu ihrem Ende, seither legt man wieder Wert darauf, die Knochen unterhalb der Erdoberfläche aufzubewahren.

Die meisten Karner wurden daraufhin vermauert oder direkt abgebrochen, derjenige in Pfaffenhofen aber, zu dessen Seelsorgebezirk bis zum Anfang des 16. Jahrhunderts 25 Ortschaften und damit eine große Zahl von Gläubigen zählten, blieb bis heute bestehen. Der zweistöckige romanische Bau aus dem 13. Jahrhundert wurde im 15. Jahrhundert umgestaltet, der gotische Lichterker stammt ebenso wie die Wandmalereien im Inneren aus dieser Zeit.

Im Untergeschoss des Bauwerks wurden früher die Gebeine gelagert, Schädel und Knochen nach Person zusammengehörig in Kisten, die dann wiederum fein säuberlich gestapelt wurden. Selbstverständlich war auch für das Seelenheil der Verstorbenen gesorgt: Im Erker brannte ein ewiges Licht, das die Qualen der im Fegefeuer Gefangenen mildern sollte. Erst 1965 wurden die letzten verbliebenen Gebeine aus dem Karner in Pfaffenhofen entnommen und bestattet.

Im Obergeschoss beherbergt das archaische Bauwerk die dem heiligen Michael geweihte Kapelle, in der einst für die aufgebahrten Toten Messen gelesen wurden. Auch eine bauliche Besonderheit findet sich hier: romanische Stuckverzierungen, wie sie im gesamten süddeutschen Raum nur selten zu finden sind.

Adresse Amberger Straße, 92280 Kastl-Pfaffenhofen | **Anfahrt** A 6, Ausfahrt Amberg-West, auf B 299 Richtung Ursensollen/Kastl/Hohenburg, in Kastl weiter bis Pfaffenhofen, dort (nach Gasthaus »Zum Schweppermann«) links und gleich wieder links auf Amberger Straße, der Karner befindet sich rechts | **Öffnungszeiten** von außen jederzeit zu besichtigen, über das »Innenleben« informieren Informationstafeln mit Fotografien | **Tipp** In die Fluten: In der heißen Jahreszeit sorgt ein anschließender Besuch im Freibad Kastl für die notwendige Abkühlung (geöffnet täglich 9.30–19.30 Uhr, Badstraße 6).

81__Die Lourdesgrotte

Im Angesicht der Madonna

Es ist einer jener bemerkenswerten Orte inmitten der üppigen Natur des Amberg-Sulzbacher Landes, die einen innehalten und zur Ruhe kommen lassen, wenn man sich darauf einlässt – egal, ob man religiös ist oder nicht.

Freilich war es jedoch ausschließlich tiefe Religiosität, die den damaligen Ortspfarrer Schraml ab dem Jahr 1891 dazu bewog, Planung und Einrichtung einer Lourdesgrotte voranzutreiben: Die Marienerscheinungen in Frankreich im Jahr 1858 waren für die Gläubigen nach wie vor ein Faszinosum, aber die Wallfahrt nach Lourdes in der damaligen Zeit nicht für jedermann möglich. Wenn die Utzenhofener also nicht zur Lourdesgrotte können, so des Pfarrers Gedankengang, dann muss die Lourdesgrotte eben zu den Utzenhofenern kommen. Mit diesen Überlegungen war er nicht allein, wie die zahlreichen Nachbildungen der Grotte im europäischen Raum belegen; doch dürfte die Grotte in Utzenhofen unter allen Exemplaren aufgrund ihrer natürlichen Gegebenheiten eine der beeindruckenderen sein.

Man kann also von Glück reden, dass nach zahlreichen Vorschlägen für einen geeigneten Platz die Wahl auf die »Goashöhle« fiel, eine damals zugewucherte, verschüttete Waldhöhle, die früher als Unterstand für Ziegen gedient hatte. Mit vereinten – physischen und finanziellen – Kräften wurde sie freigelegt, gesäubert und mit einer Madonnenstatue sowie einer Figur der heiligen Bernadette, der die Muttergottes am französischen Originalschauplatz eigenen Angaben zufolge erschienen war, ausgestattet. Sogar der Wald zwischen Dorf und Grotte wurde damals abgeschlagen, um den Bewohnern freien Blick auf die Grotte zu ermöglichen.

Der Initiator der Lourdesgrotte erlebte die Einweihung im Dezember 1895 nicht mehr, er starb mehrere Monate zuvor. Den Menschen hat er aber einen (jetzt wieder im Wald verborgenen und deshalb umso mystischeren) Ort mit großer Strahlkraft hinterlassen.

Adresse Nähe Grottenweg, 92280 Kastl-Utzenhofen | **Anfahrt** A 6, Ausfahrt Amberg-West, auf B 299 Richtung Ursensollen/Kastl, in Kastl links auf Utzenhofener Straße, in Utzenhofen links auf Umelsdorfer Straße, nach rund 350 Metern rechts auf Hauptstraße, nach 350 Metern links auf Grottenweg, 800 Meter bis Parkplatz, die Grotte befindet sich ein paar Meter weiter rechts | **Tipp** »Aktenzeichen XY … ungelöst«: In den 1980er Jahren geriet Utzenhofen bundesweit in die Schlagzeilen, als der Drohbriefschreiber »Pumuckl« das Dorf in Atem hielt. Die mysteriösen, bis heute ungeklärten Vorfälle, die sogar in einem Entführungsfall gipfelten, lassen sich online in archivierten Artikeln nachlesen.

82 Der Muscle Beach

Wo bleibt Arnie?

Das Konzept ist – nicht nur in Zeiten einer Pandemie – so einleuchtend wie überzeugend: Sport und frische Luft sind eine gesunde Kombination, aber nicht jeder kann sich zum Laufen aufraffen oder hat Lust, sich an einem oft genug ranzigen Trimm-dich-Pfad entlangzuturnen. Wie schön also, dass 2020 am Ufer der Vils ein Outdoor-Fitnesspark eröffnet wurde.

Vielleicht ist es die Nähe zum Wasser: Beim Schlendern durch die für sich genommen schon sehenswerten Vilsauen keimt unweigerlich der Gedanke an eine Oberpfälzer Variante des legendären Muscle Beach in Venice, Los Angeles, auf. Erwarten mich gleich aufgepumpte Muskelprotze im Stile des jungen Arnold Schwarzenegger, die unter der an diesem Tag fast kalifornisch anmutenden Sonne ihrer schweißtreibenden »Äktschn« nachgehen?

Leider oder zum Glück, das ist wohl Geschmackssache: nein. Der Fitnesspark liegt an diesem Tag verlassen da, was immerhin Gelegenheit gibt, ihn in Ruhe zu inspizieren, ohne von allzu viel ölglänzender Muskelmasse abgelenkt zu werden. Der Park ist auffallend schön gestaltet: Eine Ruderbank, ein Tretboot für zwei Personen unter einer schattenspendenden Pergola, ein Crosstrainer, ein Hüfttrainer und ein Airwalker stehen zur Verfügung, alles fügt sich harmonisch in die grüne Landschaft ein. Sofern sich noch immer kein Muskelmann blicken lässt, lässt sich die Zeit also ganz ohne etwaige Scham angesichts (noch!) mangelnder Fitness mit einem kleinen Work-out vertreiben. Besonders zu empfehlen ist die Ruderbank mit Blick auf die mäandernde Vils, denn tatsächlich verleiht der Blick auf den Fluss dem Bewegungsablauf fast etwas Meditatives. Aber auch die Übungen an den anderen Geräten fallen angesichts der schönen Umgebung nicht schwer. Es ist also Vorsicht geboten: Wer hier, inmitten all der umgebenden Natur, die Zeit vergisst, läuft Gefahr, wider Willen selbst zum Arnie zu werden!

Adresse Nähe Vilstalstraße 62, 92245 Kümmersbruck-Haselmühl | Anfahrt A 6, Ausfahrt Amberg-Süd, Richtung Amberg/Kümmersbruck, 3,7 Kilometer bis Vilstalstraße, parken, auf Fußweg zu den Vilsauen, der Fitnesspark befindet sich hinter der Hausnummer 62 | Tipp Entspannung pur: Wer noch mehr für sich und sein körperliches Wohlbefinden tun möchte, kann sich in der Vilstalstraße 84 in einer schön gestalteten Salzgrotte entspannen (geöffnet Di, Mi, Do 9.45–18 Uhr, zusätzlich Mai–Sept. am 1. Sa im Monat und Okt.–April jeden Sa 9.45–16 Uhr, www.vilstalgrotte.de).

83__Der Radlbahnhof

Wo (nicht nur) Radler haltmachen …

So manche Lokalbahnstrecke, zunächst noch frenetisch gefeiert, fiel in der zweiten Hälfte des 20. Jahrhunderts der Verlegung des Menschen- und Gütertransports von der Schiene auf die Straße zum Opfer – so auch die Vilstalbahn, die Amberg mit Schmidmühlen verband und 1910 in Betrieb genommen wurde. Erst im Jahr 1948 bekam die Haltestelle in Theuern ihren schmucken Bahnhof, eine allzu lange Nutzung war dem Bauwerk aber nicht vergönnt: Bereits 1965 wurde der Bahnhof stillgelegt, 1966 stellte man den Personen- und 1988 schließlich auch den Güterverkehr ein. Für das Bahnhofsgebäude war es eine glückliche Fügung, dass der Landkreis die Bahnstrecke (nebst Gebäude) erwarb und sie zum Radwanderweg ausbaute, der nun Teil des Fünf-Flüsse-Radweges ist – denn was wäre eine Radwanderung ohne ausgiebigen Halt? Und wo lässt es sich besser haltmachen als am Bahnhof? Genau, nirgends.

Ab 1995 wurde der Bahnhof als Kiosk bewirtschaftet, seit 2020 – nach gründlicher Sanierung – mittlerweile vom Ehepaar Reis, das mit Frohsinn und Tatkraft bis zu 80 Personen im Freien und bei Schlechtwetter bis zu 30 Gäste im Inneren des Ex-Bahnhofs mit deftigen Brotzeiten und feinen Kuchen versorgt.

Wer es schafft, hier ohne Halt vorbeizuradeln, der muss mit enormer Willenskraft gesegnet sein – der Biergarten ist urgemütlich, für Radfahrer stehen eine Service- und eine E-Bike-Ladestation zur Verfügung, die Kinder, deren Energielevel erfahrungsgemäß selten auf Wunsch der Eltern absinkt, toben nach der obligatorischen Portion Pommes auf dem Spielplatz, und wer dann mit Stolz auf einige Radkilometer zurück- oder mit Vorfreude den kommenden entgegenblickt, erlebt einen dieser Wunschlos-glücklich-Momente, von denen sich zehren lässt. Aber auch ohne Radtour im Rücken lässt sich hier selbstverständlich jederzeit der Moment genießen – in charmant-nostalgischer Bahnhofsatmosphäre!

Adresse Stromerstraße 4, 92245 Kümmersbruck-Theuern | Anfahrt A 6, Ausfahrt Amberg-Süd, Richtung Schmidmühlen, nach circa 900 Metern rechts auf Erzbergstraße, nach 750 Metern links auf Vilstalstraße, rechts auf Portnerstraße, rechts auf Castnerstraße, nach 300 Metern links auf Stromerstraße | Öffnungszeiten Sommer: täglich 11–21 Uhr; Winter: Fr und Sa 15–21 Uhr, So 11–21 Uhr | Tipp Für Hobbygärtner: Im nahen Köfering lädt ein »Bibelgarten« zum Besuch ein. Die Pflanzen wurden mit passenden Bibel-Schriftstellen versehen, der Garten ist aber auch für weniger bibelsichere Pflanzenfreunde sehenswert (neben der Kirche, Haager Straße 11A).

84 Die Schachtanlage

Zeuge der Industriegeschichte

In Theuern, im Dunstkreis des hier ansässigen Bergbau- und Industriemuseums Ostbayern, findet sich ein Zeugnis der umfangreichen Oberpfälzer Bergbaugeschichte, das noch dazu einen bemerkenswerten Umzug hinter sich hat: Ursprünglich war der Förderturm nebst zugehörigem Maschinenhaus nämlich in Pfaffenreuth südlich von Waldsassen zu finden, wo auf dem Gelände der Grube Bayerland nachweislich bereits ab dem 16. Jahrhundert Eisenerz, ab den 1920er Jahren vorwiegend Schwefelkies und ab den 1930ern zudem Magnetkies abgebaut wurde. Die vergleichsweise geringe Fördermenge sowie der sinkende Marktpreis zwangen das Bergwerk schließlich in die Knie, im September 1971 – nach der Förderung von insgesamt rund anderthalb Millionen Tonnen Schwefelkies – wurde die letzte Schicht gefahren.

Gerade wegen des schmerzlichen Niedergangs der gesamten Bergbauindustrie im Oberpfälzer Raum ist es umso erfreulicher, dass der historische Wert der Anlagen in Pfaffenreuth erkannt und gewürdigt wurde, indem die Schachtanlage vor Ort ab- und am heutigen Standort in Theuern 1973 als Außenanlage des damals noch im Entstehen befindlichen Bergbau- und Industriemuseums originalgetreu wieder aufgebaut wurde.

Erhalten hat sich somit unter anderem ein stählerner, 16 Meter hoher Förderturm aus dem Jahr 1928, wie er heute sonst kaum noch zu finden ist. Obschon auch von außen sehenswert, offenbart erst das Innenleben der beiden Bauwerke einen tieferen Einblick in das alltägliche Leben der damaligen Bergleute: Von Hinweistafeln über Bergbaulampen, den Unterbau einer Lore und zahlreiches sonstiges Equipment bis zu einer äußerst beeindruckenden, dreieinhalb Meter großen Seiltrommel mit einer Aufnahmefähigkeit von 400 Metern Seil lässt die Anlage diesen einst so bedeutungsvollen, letztlich tragisch untergegangenen Oberpfälzer Industriezweig für den Besucher plastisch wiederauferstehen.

Adresse Portnerstraße, 92245 Kümmersbruck-Theuern | Anfahrt A 6, Ausfahrt Amberg-Süd, Richtung Schmidmühlen, nach circa 900 Metern rechts auf Erzbergstraße, nach 750 Metern links auf Vilstalstraße, rechts auf Portnerstraße, nach 350 Metern erneut rechts, um auf Portnerstraße zu bleiben, bis zu deren Ende folgen | Öffnungszeiten von außen jederzeit zu besichtigen, zugänglich Sa 9–17 Uhr, So und feiertags 10–17 Uhr sowie auf Anfrage über museum@kultur-schloss-theuern.de | Tipp Noch mehr Industriegeschichte: Auch die weiteren Außenanlagen des Museums, ein ehemaliger Eisenhammer sowie eine Glasschleife, nehmen den Besucher mit zu einst bedeutenden Oberpfälzer Industriezweigen.

85 Die Distlergrotte

Höhlenspaß mit »kleinen« Einschränkungen

Dieser Ort führt knapp über die Grenzen der Oberpfalz hinaus in die reich mit Naturschönheiten gesegnete Frankenalb. Am Eingang des Hasellohetals liegt die Distlergrotte auf einer kleinen Anhöhe im Wald, und schon vom Weg aus ist die Felsformation zu sehen, in der sie sich verbirgt. Weniger gut sichtbar ist der teilvermauerte Eingang: Mag sein, dass der eine oder andere den zwar anderthalb Meter hohen, aber nur 50 Zentimeter breiten Spalt im Mauerwerk zunächst sogar ignoriert, bis er erkennt: Das ist er schon, der »Eingang«, einen komfortableren für die Verwöhnten unter den Hobby-Höhlenforschern gibt es nicht.

Also Füße voraus, einmal das Becken quergelegt und so elegant wie möglich seitlich hindurchgerobbt, und schon befindet man sich in der Halle, die mit ihren Maßen (20 Meter lang und acht Meter breit) der größte Raum der Karsthöhle ist und den Besucher, dem schmalen Eingang sei Dank, in völliger Dunkelheit umschließt. Umso mehr Spaß macht es, mit gezückter Taschenlampe die Halle zu erkunden, und wenn es im Sommer draußen heiß ist, sind die Kühle und der eine oder andere Tropfen Nass, der von der Decke auf den Kopf pladdert, eine durchaus willkommene Erfrischung.

Insgesamt erstreckt sich die Höhle über eine Gesamtlänge von 90 Metern, im weiteren Verlauf abwärts warten auf den erfahrenen Besucher mit entsprechender Ausrüstung (wegen loser Schuttmassen ist der Abstieg nicht ungefährlich!) Spalten, kleine Hallen und ein Höhlensee. Aber auch die Erkundung der großen Halle allein mit ihrer Höhe von bis zu neun Metern ist ganz schön beeindruckend. Schließlich wurstelt man sich erfrischt und zufrieden wieder ins Freie. »Vor diesem Eingang musst du aber warnen«, meinte mein um das Wohl der Leser besorgter Mann nach unserem Besuch der Distlergrotte. Nun gut: Wer über ein flaches Hinterteil verfügt, ist hier eindeutig im Vorteil.

Adresse Nähe Postheimstraße/Finstermühle, 91284 Neuhaus an der Pegnitz | Anfahrt A 9, Ausfahrt Plech, Richtung Plech/Neuhaus, in Plech links halten auf Neuhauser Straße, in Neuhaus Hauptstraße folgen bis nach Ortsende, dann rechts Richtung Finstermühle, bis rechts die Postheimstraße abzweigt, parken, dem Fußweg gegenüber für 280 Meter folgen, die Grotte befindet sich links auf einer Anhöhe | Öffnungszeiten frei zugänglich Anfang April–Ende Sept. (außerhalb dieser Zeit dient die Höhle Fledermäusen als Quartier) | Tipp Für (Hobby-)Fotografen: Sehenswert ist das Kameramuseum in Plech mit seinen zahlreichen historischen Exponaten (geöffnet So 11–17 Uhr, Schulstraße 8).

86__Die Martinskirche

… oder was davon noch übrig ist

So klein der Weiler Ermhof auch ist, so lang reicht seine Geschichte zurück. Bereits in der zweiten Hälfte des 8. Jahrhunderts, so die Erkenntnisse durch archäologische Untersuchungen, dürfte die Ortsgründung erfolgt sein.

Nur wenig jünger ist – oder vielmehr war – die Kirche St. Martin, die nachweislich spätestens zu Beginn des 9. Jahrhunderts errichtet wurde und damit zu den ältesten Kirchen der Oberpfalz zählte. Das hölzerne Gotteshäuschen wurde allerdings noch im 9. Jahrhundert wieder abgebrochen, und an seiner statt entstand eine steinerne Saalkirche mit Apsis. Ein Gotteshaus mit großer Bedeutung für die Region war geschaffen, das sich zudem zwischen dem 15. und dem 18. Jahrhundert zu einem der wichtigsten Wallfahrtsziele der mittleren Oberpfalz entwickelte. Mit einigen baulichen Veränderungen überdauerte die Kirche mehr als ein ganzes Jahrtausend. Umso tragischer ihr Bedeutungsverlust, der in der abschließenden Nutzung als Schuppen und final, im Jahr 1979, in ihrem Abriss gipfelte.

Auch wenn der Verlust der Kirche aus der Karolingerzeit bedauerlich ist: Was mittlerweile daraus hervorging, ist wertvoll und sehenswert. Spendenfinanzierte Ausgrabungen förderten ab 2006 nicht nur das Alter der Kirche zutage, durch die Grabfunde um die ehemalige Kirche, darunter auch zahlreiche Kindergräber, ergaben sich umfangreiche Einblicke in die harten Lebensbedingungen der Menschen im Früh- und Hochmittelalter. Nach Ende der Ausgrabungen 2008 wurde eine umfangreiche und frei zugängliche Informations- und Dokumentationsstätte errichtet, die im Jahr 2012 eingeweiht wurde. Ein begehbarer Steg und eine Steintribüne ermöglichen einen detaillierten Blick auf das bedeutsame Bodendenkmal und die teilrekonstruierten Bauphasen der Kirche. Summa summarum hat Ermhof also zwar ein bedeutendes Bauwerk verloren, dafür aber ein spannendes kleines Freiluftmuseum gewonnen.

Adresse Ermhof (Ortsrand), 92259 Neukirchen bei Sulzbach-Rosenberg-Ermhof | Anfahrt A 6, Ausfahrt Sulzbach-Rosenberg, Richtung Sulzbach-Rosenberg, nach 3,5 Kilometern links, geradeaus (über Kreisverkehr) für 5,7 Kilometer, dann rechts Richtung Bachetsfeld, nach 400 Metern links Richtung Büchelberg, geradeaus bis zum Weiler Ermhof | Tipp Wanderparadies: Die Gegend um Neukirchen bietet viele wunderbare Touren, besonders lohnenswerte Ziele sind die Osterhöhle und die Geiskirche (Informationen unter www.oberpfälzer-alb.de).

87__Der Rosenfriedhof

Ein Tornado in Rot

Nicht immer müssen Friedhöfe auch die Vergänglichkeit und Trauer ausstrahlen, die ihrem Daseinszweck innewohnen. Nein, sie dürfen auch strahlend und poetisch sein, von mitreißender oder sogar berauschender Schönheit, und der Rosenfriedhof in Dietkirchen ist dafür der eindeutige Beweis.

Die Idee und Gestaltung dieses Schmuckstücks, das als Stätte historischer Volkskunst gilt, geht auf den früheren Dietkirchener Pfarrer Johannes Baptist Weis (1889–1977) zurück. Im Zuge einer anstehenden Friedhofserweiterung 1933 gefiel ihm die Vision eines einheitlicheren Looks, schließlich seien vor Gott alle gleich, und so wurde beschlossen, statt Grabsteinen fürderhin kunstvolle, handgeschmiedete Eisenkreuze aufzustellen und die Gräber allesamt in Kalkstein zu fassen. Auch die Bepflanzung der Gräber ist einheitlich gestaltet, im Juni und Juli offenbart sich dem Betrachter ein wahres Meer roter Rosen, das zwischen den rund 200 individuell gestalteten Kreuzen rankt. Bemerkenswert ist im Übrigen auch, dass es sich bei den Rosen neben »Nina Weibull« hauptsächlich um die Sorte »Tornado« handelt – dabei würde man an einem Ort der Stille wie diesem Gottesacker höchstens eine laue Brise erwarten.

Um die liebevolle Hege und Pflege des Friedhofs kümmern sich die Pfarrgemeinde und der Obst- und Gartenbauverein, und dies sogar auf rein biologischer Basis, ohne Verwendung chemischer Pflanzenschutzmittel, was neben der Ästhetik ein weiterer Grund für eine besondere Auszeichnung war: 2020 erhielt der Rosenfriedhof den Kulturpreis des Bezirks Oberpfalz im Bereich Friedhofskultur.

Das wertvollste Kreuz befindet sich an der Mauer der benachbarten Pfarrkirche St. Stephanus und ist den Pfarrern von Dietkirchen gewidmet, aber auch alle anderen Verstorbenen haben hier einen ebenso friedlichen wie ungewöhnlich schönen Ort der Ruhe und des Gedenkens erhalten.

Adresse Nähe Dietkirchen 8, 92367 Pilsach-Dietkirchen | Anfahrt A 3, Ausfahrt Neumarkt-Ost, auf Staatsstraße Richtung Oberwiesenacker/Unterwiesenacker, nach 600 Metern links Richtung Dietkirchen, der Rosenfriedhof befindet sich am Ortsanfang rechts | Tipp Quelle: Im rund 4,5 Kilometer entfernten Pilsacher Ortsteil Laaber (erreichbar nordwärts über Niederhofen und Eschertshofen) entspringt die Schwarze Laber, die sich in ihrem fast unberührten Verlauf über 77 Kilometer durch den Oberpfälzer Jura schlängelt.

88 Das historische Badhaus

Ein Wellnesstempel aus dem Mittelalter

Es ist eine absolute Rarität: Das einzige verbliebene zugängliche Badhaus Deutschlands im ländlichen Raum befindet sich im Zentrum von Pommelsbrunn, und man kann von Glück reden, dass es die Vergangenheit überdauert hat. Nicht nur der Zahn der Zeit arbeitete gegen das erstmalig 1486 dokumentierte Gebäude, sondern auch einige Querelen in der jüngeren Geschichte. Nur dem großen persönlichen und finanziellen Einsatz seiner Förderer, allen voran der Denkmalschützer Johannes Lösche und Dr. Otto Braun, der den historischen Schatz im Jahr 1992 entdeckte, ist zu verdanken, dass die Abbruchanträge für das damals ruinöse Gebäude ins Leere liefen und es stattdessen seit 2007 als liebevoll und informativ gestaltetes »Badmuseum« in neuem Glanz erstrahlt.

Nun ist das Mittelalter nicht für die exzessive Körperhygiene der Menschen damals bekannt, und tatsächlich wurde das Badhaus nur ein- bis zweimal pro Woche betrieben, vor Sonn- und Feiertagen. Dann aber ließen sich die Dorfbewohner nicht zweimal bitten, sondern folgten dem Ruf des Baders, schwitzten neben dem Ofen, ließen sich mit Laubbüscheln abklopfen, mit Wasser und Seife bearbeiten, vom Bader einen neuen Haarschnitt verpassen, schröpfen oder im Bedarfsfall auch chirurgisch behandeln.

Streift man nun durch die Räume des Museums, die winzige Wohnstube des Baders, den Badebereich mit seiner deutlich erkennbaren Wasserrinne, vorbei am Schwitzofen, gelangt man zu einem erst später entdeckten Brunnen, dessen damalige Funktion bis heute Rätsel aufgibt. Handelte es sich dabei um ein Tauchbecken? Zumindest die Idee gefällt: Weshalb sollten die Menschen im Mittelalter noch nicht das »Gesamtpaket« praktiziert haben, das Jahrhunderte später als »Wellness« teuer verkauft wird? Mit dem Ende der Badekultur schloss auch das Pommelsbrunner Badhaus 1876 seine Pforten – bis zu seiner glanzvollen Wiedereröffnung. Ein Hoch auf die Retter!

Adresse Dorschstraße 2, 91224 Pommelsbrunn | **Anfahrt** A 6, Ausfahrt Alfeld, dann Richtung Hersbruck / Alfeld, in Alfeld links auf Hauptstraße, nach 400 Metern rechts auf Hersbrucker Straße, nach gut fünf Kilometern rechts Richtung Heldmannsberg, dort links, für gut vier Kilometer folgen, auf B 14 und bis Pommelsbrunn / Dorschstraße folgen | **Öffnungszeiten** täglich 9 – 18 Uhr, Selbstöffnungsanlage | **Tipp** Die Lamas sind los! In unmittelbarer Nähe in der Lindenstraße 1 züchtet das Ehepaar Dorn seine Lamas, die tagsüber jederzeit besucht werden können (Trekkingtouren unter Tel. 09154/1668).

89 Das Noristörl

(Felsen-)Tor zum Glück

Über die Wunder der Natur lässt sich immer wieder ausgiebig staunen, und das ganz besonders nordwestlich von Amberg, wo schroffe Felsen und zerklüftete Höhlen das üppige Grün der Wälder und Wiesen bereichern. In dieser Umgebung ist man also ganz automatisch versöhnt mit der Tatsache, dass sich der eine oder andere Ort nur im Zuge einer kurzen oder auch ausgedehnteren Wanderung erreichen lässt, und so macht man sich guter Dinge auf den Weg durch das Felsengebiet »Schwarzer Brand«, mal auf breiten Waldwegen, mal auf verwunschenen Pfaden, bergauf und bergab, vorbei an spannenden Felsformationen, bis das erste Etappenziel erreicht ist: das Noristörl, Wahrzeichen des Norissteigs, der offiziell als Klettersteig von geringem Schwierigkeitsgrad klassifiziert ist und direkt neben dem Wanderweg verläuft. Auch das Noristörl selbst kann beklettert werden und bietet immerhin drei Haken zur Sicherung. Aber auch ausschließlich von unten bestaunt, verbunden mit einer Rast, die ohnehin gelegen kommt, stellt sich dieses fulminante Glücksgefühl ein, das jedem Wanderer bekannt sein dürfte und das wohl nicht nur dem Erreichen des Etappenziels, sondern auch der dafür aufgewendeten Anstrengung geschuldet ist.

Dabei ist das Noristörl auch für sich genommen äußerst imposant: Insgesamt zehn Meter hoch, weist allein der Durchgang eine Breite von zweieinhalb Metern und eine Höhe von etwa vier Metern auf, und auch ohne Überkletterung ist man stolz, die Anhöhe, auf der es steht, erklommen zu haben. Der Blick durch das Loch der natürlichen Felsbrücke fällt ins bewaldete Tal, hinter dem Noristörl geht es beeindruckend steil bergab.

Noch eine Weile genießt man den Blick auf dieses erste, so beeindruckend geformte Etappenziel, bevor man aufbricht, neuen Naturschönheiten entgegen. Und es gibt in dieser Gegend wahrlich keinen Grund, daran zu zweifeln, dass sie zahlreich kommen werden!

Adresse Nähe Im Reichental, 92275 Hirschbach | **Anfahrt** B 85 Abfahrt Richtung Etzelwang/Neukirchen, hinter Etzelwang links Richtung Hirschbach, nach einem Kilometer links Richtung Hirschbach, dort links auf Dorfplatz, links auf Im Reichental, am Wanderparkplatz parken und zu Fuß über Dorfplatz zum Waldrand, wo der Rundwanderweg 2 beginnt, die Strecke kann durch Abkürzung halbiert werden (Wanderkarte unter www.hirschbachtal.de) | **Tipp** Für hungrige Wanderer: Am Rande des Wandergebietes liegt der Gasthof »Goldener Hirsch« in Hirschbach (Dorfplatz 1, Mi–Fr geöffnet ab 11.30 Uhr, Sa, So und feiertags ab 11 Uhr) sowie das Café/Restaurant »Zum Res'n« (Neutras 3, 92268 Etzelwang, geöffnet Do und Fr ab 13.30 Uhr sowie Sa, So und feiertags ab 11 Uhr).

90 Die Kapellenruine

Kraft- und Tatort

An einem sonnigen Nachmittag stellt sich die Kapellenruine inmitten einer Baumgruppe auf freiem Feld eher als Picknickplatz denn als geheimnisvoller Kraftort dar – und doch kann man sich der mystischen Aura des Ortes selbst dann nicht ganz entziehen, wenn fünf Meter entfernt zwei Wanderer auf dem Gaskocher Nudelsuppe zubereiten.

Das kommt freilich nicht von ungefähr, die Kapellenruine hat eine lange, zuweilen durchaus rätselhafte Geschichte zu erzählen: Ihr Beiname »Zum heiligen Baum« deutet daraufhin, dass sich an ihrer Stelle bereits eine vorchristliche Kultstätte befunden haben könnte; die erste Erwähnung fand jedoch 1480 in einer Notiz des Bistums Eichstätt statt. Dennoch ist der Zeitraum ihrer Erbauung nicht ganz eindeutig; da sie aber mit Rochus auch einem Schutzheiligen gegen die Pest geweiht ist, geht man vom 14. Jahrhundert aus, in dem mehrere Pestwellen Europa schwer erschütterten.

Schriftliche Erwähnung findet die Kapelle – übrigens bereits in ihrem Zustand als Ruine – auch als Schauplatz eines Verbrechens im Jahr 1508, als zwei eifersüchtige Verehrer einer liebreizenden Arzloher Hirtentochter den dritten, erfolgreicheren Nebenbuhler erschlugen und seine Leiche kurzerhand inmitten der ehrwürdigen Mauern der Ruine entsorgten. Bei wolkenlosem Himmel fällt es schwer, sich dies vorzustellen, im Nebel oder bei herbstlicher Tristesse aber entsteht zwischen den alten Mauern des einschiffigen, spätgotischen Bauwerks der bildliche Rahmen zu der Schauergeschichte um den damals ermordeten Böhmen Joseph Slobek. Auch heute geht es hier nicht immer ruhig zu: Am Pfingstmontag, zur Arzloher Kirchweih im Juli und zur Waldweihnacht (21. Dezember) finden hier noch immer Gottesdienste statt.

Ob Sie diesen Ort also im Zuge religiöser Andacht, als friedlichen Rastplatz oder doch lieber als Ruine mit Gruselfaktor entdecken wollen … Sie haben die Wahl!

Adresse Nähe Arzlohe 18, 91224 Pommelsbrunn-Arzlohe | Anfahrt A 6, Ausfahrt Alfeld, Richtung Hersbruck, in Thalheim rechts auf Heldmannsberger Straße, in Heldmannsberg links und für 2,6 Kilometer folgen, dann links und über Stallbaum bis Arzlohe, dort links, am Feldweg parken, die Kapelle befindet sich knapp 300 Meter entfernt am Feldweg | Tipp Wanderschuhe einpacken! Das angesichts der traumhaften Landschaft sofort aufkeimende Bedürfnis, die Wanderschuhe für einen wenigstens ausgedehnten Spaziergang zu schnüren, sollte keinesfalls unterdrückt werden! Auf dem Hochberg, ab Mittelburg, führt ein archäologischer Rundweg durch die Spuren einer alten Keltensiedlung.

91 Der Wengleinpark

Ökostation mit Abenteuerfaktor

Wenn der Städter das Wort »Park« hört, denkt er an zumeist ebene Grünflächen mit mehr oder weniger Bäumen, neben denen sich vielleicht ein paar Blumenbeete finden lassen; es entsteht das geistige Bild sich hindurchschlängelnder oder auch breiterer Spazierwege, und auf den Freiflächen tummeln sich Horden anderer Städter beim Picknick, Sonnenbaden oder Sport.

Derartige Erwartungen sollte man beim Besuch des Wengleinparks unbedingt zu Hause lassen, denn hier wartet kein gepflegter Rasen in Millimeterlänge, sondern ein abenteuerliches Natur-Erlebnisgebiet, dessen Existenz dem Namensgeber Carl Wenglein zu verdanken ist: Ab 1922 erwarb der Schwabacher Fabrikant die ehemaligen Hutangerflächen bei Eschenbach und schuf daraus ein Vogelschutzgelände, aus dem das heutige Naturschutzzentrum hervorging.

Schon allein die Beschaffenheit des Geländes ist parkuntypisch, es liegt an einem Steilhang – statt luftiger Sandalen sind hier also durchaus feste Schuhe gefragt. Dem Besucher stehen drei Wege zur Verfügung: Der Wengleinweg führt an Felsen vorbei, durch Schluchten, Wiesen und Wald und gibt einen Gesamtüberblick über die wichtigsten Lebensräume des Gebietes. Der Hutangerweg stellt die ökologische Entwicklung der Weideflächen in den Vordergrund, der Salamanderweg schließlich zeigt den Lebensraum des Feuersalamanders, den man allerdings selbst nur bei Regenwetter zu sehen bekommen kann. (Detaillierte Wegbeschreibungen gibt es online zum Download.)

Unbedingt erwähnenswert sind auch verschiedene Bauwerke, die Carl Wengleins durchaus etwas schelmische Ader offenbaren: Der mittelalterlich anmutende Heroldturm zum Beispiel diente ihm zur heimlichen Beobachtung seiner Besucher und entpuppt sich als Hommage an das vom Erbauer verehrte Rittertum; das damalige Plumpsklogebäude ernannte er kurzerhand zur (noch heute so titulierten) »Befreiungshalle«.

Adresse Nähe Eschenbach 226, 91224 Pommelsbrunn-Eschenbach, www.naturschutzzentrum-wengleinpark.de | Anfahrt A 6, Ausfahrt Alfeld, Richtung Hersbruck für gut 15 Kilometer, nach Happurg rechts auf B 14, nach 1,5 Kilometern abfahren Richtung Neuhaus a. d. Pegnitz/Pommelsbrunn, in Pommelsbrunn rechts auf Pegnitztalstraße, nach 2,1 Kilometern rechts Richtung Eschenbach, im Ortszentrum links (Beschilderung »Wengleinpark«), dann der Schotterstraße für gut 250 Meter folgen (begrenzte Parkplatzanzahl) | Tipp Adelssitz: In Eschenbach lohnt ein Blick auf das Schloss der Ebner von Eschenbach, das nach seiner Zerstörung 1553/54 wieder aufgebaut wurde und heute noch weitgehend unverändert zu bewundern ist (Eschenbach 406).

92 Das Schottenloch

Eine Ode an die Schönheit der Natur

Am Rande des kleinen Örtchens Heldmannsberg liegt es, das Naturschutzgebiet Schottenloch, auch Schottental genannt. Die Landschaft, durch die man hierherfährt, ist schön und grün und hügelig, aber an dieser Stelle auch nicht allzu spektakulär, und so hält sich die Neugier vielleicht noch in Grenzen, wenn man neben der an das Naturschutzgebiet angrenzenden Wallfahrtskirche Mariä Himmelfahrt parkt. Es lohnt, sich auch das hübsche, im 17. Jahrhundert erbaute Kirchlein genauer anzusehen, bevor man sich ein paar Meter weiter wagt, dorthin, wo der Einstieg ins Naturschutzgebiet liegt … und man wieder einmal eine Überraschung erlebt. Natürlich, ein Tal ist zweifellos zu erwarten. Ein derartig tief eingeschnittenes jedoch, das sofort klarmacht, wie das (Schotten-)Loch zu seinem Namen kommt, sorgt für einen eindrücklichen Wow-Effekt.

Zum Glück hat jemand mitgedacht und an dieser Stelle eine Bank für angesichts dieses Anblicks überwältigte Besucher bereitgestellt. Wer also andächtig darniedersinken und den Blick über das unerwartet imposante Tal eine Weile auf sich wirken lassen will, hat hier die Gelegenheit. Doch auch den Abstieg selbst sollte man sich nicht entgehen lassen: Der Talgrund, durch den sich der Talbach schlängelt, ist sehenswert und abwechslungsreich. Schroffe Felsen stehen Spalier, der ursprünglich wirkende Mischwald an den Steilhängen strahlt etwas Mystisches aus, gibt dann aber wieder den Blick frei auf weite Hänge, die mit Schafen beweidet werden, und auch ein kleiner Weiher lässt sich finden.

Der Rückweg nach oben gestaltet sich durchaus strapaziös. Wieder packt den Besucher ein warmes Gefühl von Dankbarkeit für denjenigen, der die Bank am Rande des Schottenlochs aufgestellt hat – nur sinkt man nach der Tortur des Aufstiegs wohl weniger andächtig, sondern vielmehr nach Luft ringend darnieder. Anstrengend, zweifellos. Aber auch verdammt schön.

Adresse Nähe Heldmannsberg 12, 91224 Pommelsbrunn-Heldmannsberg | Anfahrt A 6, Ausfahrt Alfeld, dann Richtung Hersbruck/Alfeld, in Alfeld links auf Hauptstraße, nach 400 Metern rechts auf Hersbrucker Straße, für gut fünf Kilometer folgen, rechts nach Heldmannsberg, im Ort gleich rechts, dann links, die Kirche befindet sich rechts | Tipp Verdiente Stärkung: Auch für das leibliche Wohl ist im kleinen Heldmannsberg mit dem Gasthof »Zum Schottental« gesorgt (geöffnet Mi–So ab 11 Uhr, Heldmannsberg 4).

93_Der Bärlauchwald

Frische Ernte – aber mit Bedacht!

Bärlauch, früher vorwiegend bei Kräuterweiblein und Walderemiten beliebt, hat sich längst zum Trend-Grünzeug entwickelt. Wie so oft aber gehen Trend und Naturverträglichkeit auch in diesem Fall nicht ganz problemlos Hand in Hand. Verfügt man allerdings über überaus verantwortungsbewusste Leser, denen man zudem noch geschickt verpackt das Bärlauch-Regelwerk mitgibt, dann kann bestimmt nichts schiefgehen. Wir nähern uns dem Wäldchen, leiser Knoblauchduft zieht in die Nase, und dann sieht man ihn auch schon: Bärlauch, so weit das Auge reicht. Höchste Zeit für die Einweisung der anwesenden Erntehelfer: Nicht auf die Pflanzen treten. Von jeder Pflanze nur ein bis zwei Blätter ernten. Die Blätter abschneiden, nicht rupfen. Blätter in das Körbchen legen – wenn das voll ist, ist die erlaubte Menge erreicht (Handstrauß-Regel). Bitte nicht in den Bach fallen, der idyllisch durch den Waldabschnitt fließt.

Schon geht es los, keiner der Anwesenden kann leugnen, dass neben den Jägern auch die Sammler in unserer DNA verwurzelt sind, bald ist das Körbchen voll. Die Kontrolle der Blätter, die denen der giftigen Maiglöckchen und Herbstzeitlosen ähneln, obliegt vorsichtshalber der Küchenchefin: Knoblauchduft beim Verreiben und eine matte Blattrückseite sind von Vorteil, genauere Einarbeitung in die Materie via Internet sei an dieser Stelle dennoch dringend empfohlen. Wer die (theoretische) Gefahr einer Infektion mit dem Fuchsbandwurm ausschließen will (praktisch ist noch kein Fall bekannt), sollte den Bärlauch zudem vor dem Verzehr kochen.

Das Vergnügen ist in Naturschutzgebieten strikt verboten und selbstverständlich saisonal: Bärlauch wird von Mitte März bis zur Blüte Anfang Mai geerntet, danach verlieren die Blätter an Geschmack. Unsere Ernte wurde übrigens am selben Abend zu leckerem Pesto verarbeitet und unter die Pasta gemischt. Alle Familienmitglieder haben überlebt.

Adresse Nähe Hubmersberg, 91224 Pommelsbrunn-Hubmersberg | **Anfahrt** A 6, Ausfahrt Alfeld, Richtung Hersbruck für gut 15 Kilometer, nach Happurg auf die B 14, nach 1,5 Kilometern abfahren Richtung Neuhaus/Pommelsbrunn, nach dem Kreisverkehr rechts Richtung Hubmersberg, der Bärlauchwald befindet sich nach 1,5 Kilometern rechts (Höhe Parkbucht) | **Tipp** Flusserlebnis: Die Pegnitz, in die der Leitenbach nach rund 750 Metern bei Pommelsbrunn fließt, ist ein Eldorado für Wasserwanderer. Eine Ein- und Ausstiegsstelle mit Parkplatz befindet sich im Pommelsbrunner Ortsteil Eschenbach (Eschenbach 105).

94__Der Flugplatz

Ein Hauch von Freiheit

Der Blick aus der Vogelperspektive, die Überschreitung natürlicher Grenzen, das Gefühl der Freiheit, das sich einstellt, wenn man sich im so unbeschränkt erscheinenden Luftraum fortbewegt, all das macht das Fliegen zu einem Traum, der auch dann nicht an Faszination einbüßt, wenn man ihn sich erfüllt – so wie die Mitglieder des Aero-Clubs Schmidgaden, die ihrer Leidenschaft bereits seit dem Gründungsjahr 1960 frönen.

Nahezu jeder hat sich wohl schon einmal auf einem großen internationalen Flughafen die Wartezeit mit der Beobachtung von Starts und Landungen vertrieben und dabei dem – je nachdem – sehnsüchtigen Gefühl von Fernweh oder dem geborgenen der Heimkehr nachgespürt. In Schmidgaden, wo man auf dem 2016 vom Aero-Club erworbenen Flugplatz gemütlich neben dem Tower sitzt, während auf der gerade einmal 30 Meter entfernten Landebahn die Sport- und Ultraleichtflugzeuge starten und landen, bekommt diese Beobachtung eine neue Dimension: Man ist mittendrin statt nur dabei, während man am Himmel Ausschau hält, um den nächsten Landeanflug ja nicht zu verpassen, oder der Blick dem soeben in fast greifbarer Nähe gestarteten Flieger folgt, bis er am Horizont entschwunden ist. Besonders schön: Besucher sind hier jederzeit willkommen, für das leibliche Wohl ist im Fliegerheim gesorgt, und wer sich für Details interessiert, wird mit Sicherheit das eine oder andere auskunftsfreudige Clubmitglied antreffen.

Wem Zusehen nicht reicht, um die Abenteuerlust zu befriedigen, dem werden auf Anfrage auch Rundflüge angeboten, und wer gar mit dem Gedanken spielt, sich in der Club-internen Flugschule zum Piloten ausbilden zu lassen, der kann sich mit einem umfangreichen Schnupperangebot von dieser Idee überzeugen lassen.

Wobei ein Besuch auf dem Flugplatz auch ohne eigenen Flug ein Erlebnis ist – wo sonst kann man schon seinen Nachmittagskaffee direkt an der Landebahn genießen?

Adresse Flugplatzstraße 61, 92546 Schmidgaden | **Anfahrt** A 6, Ausfahrt Schmidgaden, auf Amberger Straße Richtung Schmidgaden, der Straße, die später zur Nabburger und Trischinger Straße wird, für insgesamt 3,9 Kilometer folgen, links auf Flugplatzstraße und bis zum Ende folgen | **Öffnungszeiten** Betrieb witterungsabhängig, im Sommer: Sa 13–18 Uhr, So und Feiertage 10–18 Uhr; Winter: Sa 13–16 Uhr, So und Feiertage 10–16 Uhr, Informationen auf www.aeroclub-schmidgaden.de | **Tipp** Naherholungsgebiet: Mit dem Magdalenental liegt ein außerordentlich schönes Naturschutzgebiet ganz in der Nähe (Autobahnausfahrt Schmidgaden, dann Richtung Etsdorf, nach circa 600 Metern rechts).

95 Das Rastplatzmonument

Zwischen Kunst und Krempel?

Eingekeilt von parkenden Fahrzeugen, umwabert vom ungesunden Odeur der Auspuffabgase, am Rande vor ausgedörrtem Grün ein schmuckloser Betonkasten mit Toiletten, die die persönlichen Hygienestandards jedes durchschnittlichen Menschen mit Füßen treten, der Versuch, den im Auto angesammelten Abfall im wespenumschwärmten Mülleimer zu entsorgen, als einzige große Mutprobe … So oder so ähnlich laufen wohl viele Besuche auf deutschen Autobahnrastplätzen ab, bevor sich die aus der Not heraus Handelnden erleichtert wieder hinter das Lenkrad klemmen und ihres Weges ziehen.

Es ist also ein recht ungewöhnlicher Standort für sehenswerte Kunst im öffentlichen Raum, auch wenn die Platzierung des »Bayerisch-Böhmischen Knotens«, wie die exakt 6,56 Meter hohe Bronzeskulptur von Harald Bäumler heißt, natürlich kein Zufall ist: Wo heute die A 6 lückenlos verläuft, war es zu Zeiten des römisch-deutschen Kaisers und böhmischen Königs Karl IV. (1316–1378) die Via Carolina, welche die Verbindung zwischen den beiden Reichsstädten Prag und Nürnberg sicherstellte.

Dabei war es just dieses Teilstück zwischen Amberg-Ost und dem Kreuz Oberpfälzer Wald, auf dessen Fertigstellung man einige Zeit warten musste. 2008 erfolgte die lang ersehnte Einweihung, Angela Merkel höchstpersönlich durchschnitt das Band. Seither erinnert auch Bäumlers imposantes und dennoch mit Leichtigkeit in die Höhe strebendes Kunstwerk symbolträchtig daran, dass die beiden Nachbarn Bayern und Böhmen nur eng miteinander verbunden in Balance bleiben können. Angesichts der Tatsache, dass die bestehende Autobahn als Ost-West-Achse sogar eine durchgängige Fahrt von Prag nach Paris ermöglicht, lässt sich die symbolische Bedeutung des Werks guten Gewissens auf ganz Europa übertragen.

Eine uneingeschränkte Empfehlung kann hier jedoch nicht erfolgen: Die Toiletten wurden vorsichtshalber nicht aufgesucht.

Adresse Rastplatz Stocker Holz an der A 6, 92546 Schmidgaden | **Anfahrt** A 6 in östlicher Richtung, circa zwei Kilometer nach der Anschlussstelle Schmidgaden auf Rastplatz abfahren | **Tipp** Blendende Aussichten: Über die nächste Autobahnausfahrt Nabburg-West (dort links Richtung Kemnath) gelangt man nach Nabburg-Windpaißing und von dort nach circa viertelstündiger Wanderung auf den Kulm, wo ein knapp 20 Meter hoher Aussichtsturm einen Blick über große Teile der mittleren Oberpfalz ermöglicht (Turmschlüssel im Gasthaus zum Kulm, Windpaißing 6).

96 Der Gießkannenbaum

O Kannenbaum, o Kannenbaum …

Not macht ja bekanntlich erfinderisch, und weil die Schmidmühlener zu gerne an der Osterbrunnenaktion (siehe Ort 102) des Landkreises Amberg-Sulzbach teilnehmen wollten, dieses Vorhaben aber durch das Fehlen eines ortseigenen Brunnens stark erschwert, um nicht zu sagen unmöglich gemacht wurde, musste dringend eine Alternative her. Zugleich stand der Marktgemeinde im Jahr 2018 ein wichtiges Ereignis ins Haus: Der Todestag des wohl bekanntesten Sohnes Schmidmühlens, des Bildhauers und Baumeisters Erasmus Grasser, jährte sich zum 500. Mal. So ist es nicht verwunderlich, dass man sich im rührigen Schmidmühlen etwas Besonderes einfallen ließ.

Am Ortseingang, direkt neben dem Besucherparkplatz an der Mühlwiese und einer Station des Kunstwanderwegs, trägt ein rund 20 Meter hoher Ahornbaum seither außergewöhnliche Früchte: Über 200 bunte Gießkannen schmücken den Baum, der sich durch seine farbenfrohe Verschönerung mittlerweile zum beliebten Fotomotiv gemausert hat. Auch für musikalische Inspiration hat das Kunstwerk bereits gesorgt: Der Schmidmühlener Seniorenkreis hat das allseits bekannte Lied »O Tannenbaum« kurzerhand in »O Kannenbaum« umgedichtet – und damit dem Baum zu einer eigenen Hymne verholfen.

Einen tieferen Sinn verfolgt der ungewöhnliche Baumschmuck dabei nicht, nur den offensichtlichen, nämlich dem Betrachter ein bisschen Freude zu bereiten und ein Lächeln ins Gesicht zu zaubern. Allerdings ist diese Absicht durchaus mit einem gewissen Aufwand verbunden: Alle Gießkannen müssen vor Verwendung angebohrt werden, um zu verhindern, dass sie bei Regen volllaufen und die Äste des Ahorns über Gebühr beanspruchen.

Entsprechend den Gegebenheiten in unseren Breitengraden muss auch dieser Baum im Winter auf seine Früchte (aus Plastik) verzichten, der bunte Blickfang ist aber jährlich von der Fastenzeit bis ungefähr Allerheiligen zu bewundern.

Adresse Hohenburger Straße/Ecke Bahnhofstraße, 92287 Schmidmühlen | Anfahrt A 6, Ausfahrt Amberg-Süd, dann über Ensdorf und Rieden nach Schmidmühlen, dort rechts über die Vils und nach 50 Metern links auf Bahnhofstraße, Baum und Parkplatz befinden sich nach wenigen Metern auf der rechten Seite | Tipp Dolce Vita: Das hübsche Zentrum Schmidmühlens (rund um die Hauptstraße) mit seinen Einkehrmöglichkeiten und Freisitzen lädt zum Verweilen ein.

97 Der Kräutergarten

Auf den Spuren Hildegard von Bingens

Es ist ein botanisches Juwel, das sich seit 1994 im Hinterhof des alten Rathauses in Schnaittenbach verbirgt: Auf 2.000 Quadratmetern ist hier mit viel Mühe des örtlichen Obst- und Gartenbauvereins ein frei zugänglicher Garten entstanden, der mit über 350 verschiedenen Gewürz-, Heil- und Nutzpflanzen aufwartet. Eine Oase der Ruhe inmitten des Stadtzentrums also, unterteilt in verschiedene Themenbereiche. Rund um einen Quellstein finden sich gleich nach Betreten des Gartens Sumpfpflanzen und Schattenkräuter, gefolgt von einem Heilkräuterbereich. Auch ein Klostergarten wurde eingerichtet, in dessen Zentrum eine Statue von Hildegard von Bingen über das Gedeihen der Kräuter wacht, die auch die Heilige selbst im 12. Jahrhundert zu Heilzwecken einsetzte. Neben einem Areal für bekannte und weniger bekannte Küchenkräuter und einer Kräuterspirale finden sich auch Insektenhotels sowie ein Bereich, der Mittelmeerpflanzen vorbehalten ist und Sehnsucht nach der Ferne weckt – oder sie vielleicht gar ein wenig zu stillen vermag.

Teile des Gartens sind übrigens gehbehinderten- und blindengerecht, worauf die Schnaittenbacher zu Recht stolz sind. Für experimentierfreudige Besucher ohne Handicap besteht so zudem die Möglichkeit, den Garten mit verbundenen Augen zu erkunden und ihn mit geschärftem Gehör, Tast- und vor allem Geruchssinn zu erleben – ein wahres Duftkonzert also, inklusive der lieblichen olfaktorischen Zugabe von 60 verschiedenen alten Rosensorten. Wer die Sinneseindrücke in Ruhe wirken lassen will, dem stehen zahlreiche Sitzgelegenheiten zur Verfügung, die dazu einladen, die Seele baumeln zu lassen.

Seit 2019 hat die Stadt – zusätzlich zu den passionierten Ehrenamtlichen – eine Gärtnermeisterin beauftragt, die sich professionell um die Pflege und Gestaltung des Gartens kümmert und den zuvor reinen Schau- in einen Lehrgarten verwandelt hat.

Adresse Hauptstraße 13, 92253 Schnaittenbach | **Anfahrt** A 93, Ausfahrt Wernberg-Köblitz, auf B 14 Richtung Schnaittenbach/Hirschau, in Schnaittenbach wird die B 14 zur Hauptstraße, der Kräutergarten befindet sich hinter dem großen hölzernen Tor rechts | **Tipp** Prominente Lage: Mitten durch Schnaittenbach verläuft der zwölfte östliche Längengrad, ein Hinweisstein in der Kick-Rasel-Straße weist auf diese Besonderheit hin.

98 Das Schnupfermuseum

Zünftig und nostalgisch

Ein wenig fühlt sich dieser Besuch an wie ein Ausflug in die Vergangenheit, und tatsächlich kämpft der Schnupferclub, der das Museum 2008 gegründet hat, mit Nachwuchssorgen. Es ist wohl ein allgemeiner Trend: Gemeinschaften entstehen gar nicht erst oder verlagern sich zunehmend ins Digitale. Mit dem Schnupfermuseum erstehen aber Bilder auf, an die man – als Besucher mittleren Alters – zumindest noch Erinnerungen hat. Denn was verbindet man im Geiste bitte schön mehr mit dem kaum mehr in freier Wildbahn zu erblickenden bayerischen Urviech als eine ordentliche, erbarmungslos in die wettergegerbte Nase gejagte Prise Schmalzler? Nix. Eben.

Dabei ist der Konsum von Schnupftabak keineswegs auf den bayerischen Raum beschränkt: Ursprünglich aus Amerika stammend, trat er seinen Weg um die Welt an, das belegen auch die ausgestellten Schnupferdosen aus aller Herren Länder. Vorher reine Importware, wurde 1733 die erste deutsche Schnupftabakfabrik in Offenbach gegründet.

Natürlich war auch Ludwig II. Schnupfer, Teile der königlichen Dosensammlung haben ihren Weg nach Schwarzenfeld gefunden. Die für den Laien größten Highlights der Ausstellung sind allerdings raumgreifender: Die tollkühnen Schnupfermaschinen kamen vor allem bei Festlichkeiten zum Einsatz, darunter die größte Schnupfermaschine Deutschlands und eine »Schnupferkanone« mit beeindruckendem Knalleffekt.

Dass es auch bei Meisterschaften durchaus humorvoll zugeht (die 16. Schnupfer-Weltmeisterschaft fand im Jahr 2008 sogar hier statt), lassen die Wettbewerbsbedingungen vermuten: Binnen 60 Sekunden gilt es, so viel Schnupftabak wie möglich in die Nase zu befördern. Fünf Gramm sind dabei kaum erreichbar, an diesen Wert angenähert hat man sich hier in Schwarzenfeld aber durchaus.

Ein wenig juckt es nach dem Besuch des Museums … Nein, nicht in der Nase, in den Fingern. Dose öffnen, fertig, los!

Adresse Fichtenstraße 1, 92521 Schwarzenfeld-Traunricht | Anfahrt A 93, Ausfahrt Schwarzenfeld, Richtung Schwarzenfeld, nach 600 Metern im Kreisverkehr 2. Ausfahrt, nach 170 Metern scharf rechts in die Fichtenstraße | Öffnungszeiten auf Anfrage, Herr Willibald Hartinger, Tel. 09435/9432 | Tipp Rein ins kühle Nass: Für Erfrischung an heißen Tagen sorgt der Forsterweiher mit Flachwasserbereich, Sandstrand und Kiosk (Nähe Nabburger Straße 50).

99_Die Alte Hofapotheke

Zwischen Herbarium und Mäusemumien

Natürlich, schon in der Außenansicht verströmt das Haus am zentralen Luitpoldplatz historisches Flair und fügt sich damit perfekt in die geschichtsträchtige Altstadt ein. Welches Schmuckkästchen in seinem Inneren auf den Besucher wartet, ist dennoch eine gewaltige Überraschung – die Dr. Markus Lommer zu verdanken ist: Dass er als passionierter ehrenamtlicher Stadtheimatpfleger große Leidenschaft für das historische Erbe seiner Heimatstadt hegt, liegt auf der Hand. Im Falle der Alten Hofapotheke kommt aber noch der persönliche Bezug dazu, denn dort, wo man heute auf 120 Quadratmetern in ein halbes Jahrtausend Oberpfälzer Pharmaziegeschichte eintauchen kann, schalteten und walteten einst Lommers Großeltern, die das Gebäude 1918 erwarben und die Apotheke, eine der ältesten in der gesamten Oberpfalz, im Folgenden betrieben. Wo Lommer heute also als Museumsleiter fungiert, verbrachte er schon seine Kindheit, und so ist es – wenn auch mit großem Aufwand verbunden – nur logisch, dass er sich entschloss, sein Erbe inklusive der Bestände aus dem Apothekenbetrieb, der Ende 1992 eingestellt wurde, der Öffentlichkeit als Museum zugänglich zu machen.

Und was gibt es in diesem historischen Gemäuer nicht alles zu entdecken! In zwölf Räumen wandelt man durch die Vergangenheit, vorbei am Original-Interieur mit zahlreichen Gefäßen, pharmazeutischen Gerätschaften, alten Rezepturen und Schriften, bis zur kleinen Oase, dem Apothekergarten mit seinen Heilkräutern.

Auch auf unerwartete Exponate stößt man: Lommer hat es sich nicht nehmen lassen, die mumifizierten Mäuse auszustellen, die bei der Sanierung des Gebäudes gefunden wurden. Eben aus diesem Grund ist es nicht zwingend nötig, aber doch erfreulich, wenn man sich einer Führung mit dem Hausherrn anschließen kann: Geschichte wird hier immer erlebbar gemacht – mit Lommers Anekdoten aber auf verschmitzt-humorige Art!

Adresse Luitpoldplatz 6, 92237 Sulzbach-Rosenberg | **Anfahrt** A 6, Ausfahrt Sulzbach-Rosenberg, Richtung Sulzbach-Rosenberg, am Ortsanfang links auf Neumarkter Straße, für 720 Meter (beim Kreisverkehr geradeaus) folgen, links auf Philosophenweg, nach 450 Metern rechts auf Nürnberger Straße, die zu Hagtor wird, bis Luitpoldplatz folgen (Parken: Parkhaus »Schlossgarage«, Klostergasse 1) | **Öffnungszeiten** Do und Sa 14.30–17.30 Uhr sowie an Markt- und städtischen Festtagen, Gruppenführungen auf Anfrage: info@alte-hofapotheke-sulzbach.de | **Tipp** Weil's Wurscht is: Im Biergarten des Kreuzerwirts, Nürnberger Straße 5, gibt es frisch vom Grill die laut Einheimischen besten Bratwürste der Region (geöffnet Mai–Sept. täglich 11–23 Uhr). Unbedingt probieren!

100 Die historische Druckerei

Nach dem Dornröschenschlaf …

Der Weg stimmt, allein das Ziel ist noch nicht erreicht: Wenn Stadtheimatpfleger Dr. Markus Lommer, zu dem am Luitpoldplatz alle Wege zu führen scheinen (siehe Ort 99), über die historische Druckerei Seidel spricht, dann sind es zwei Emotionen, die sofort überspringen: Begeisterung für dieses historisch-kulturelle Juwel und leidenschaftliches Engagement, um es einer angemessenen Sicherung und Nutzung zuzuführen. Immerhin, ein wichtiges Etappenziel für den dauerhaften Erhalt wurde mit dem Ankauf durch die Stadt im Jahr 2019 erreicht.

Der heutige Druckereisaal besteht seit 1863, damals zog der zuvor im Schloss untergebrachte Verlag J. E. v. Seidel hier ein. Bereits ab dem Jahr 1854 gehörte das Unternehmen dem Regensburger Friedrich Pustet, der es wiederum 1877 an Hans Wotschack übergab.

Zunächst noch Produktionsort der Lokalzeitung, verringerte sich der Druckbetrieb jedoch stetig und kam nach mehreren Rückschlägen im Jahr 1976 zum Erliegen. 30 lange Jahre wurde es still um den Saal mit seiner historischen Druckerei-Ausstattung – bis er 2006 wachgeküsst und im Folgenden seiner jetzigen Nutzung als Kulturraum und Kleinkunstbühne zugeführt wurde. Aber ob man den Saal nun mit oder ohne Bühnenshow in Augenschein nimmt: Sein geschichtsträchtiges Flair und Charisma begeistern.

Im Zuge der Wiederentdeckung kam auch eine Rarität ans Tageslicht: Eine original Geschichte (und offensichtlicher »Max und Moritz«-Vorgänger!) von Wilhelm Busch mit dem Titel »Der Kuchenteig«. Ob sich der Verlag die Kosten für die Rücksendung an den Urheber sparen wollte oder sie während des Umzugs 1863 schlichtweg unterging, lässt sich nicht mehr zweifelsfrei klären.

Das Ringen um weitere Sanierung und Förderung von Saal und Anwesen ist derzeit noch nicht abgeschlossen. Mit Lommers leidenschaftlichem Einsatz stehen die Chancen aber recht gut!

Adresse Luitpoldplatz 4, 92237 Sulzbach-Rosenberg | **Anfahrt** A 6, Ausfahrt Sulzbach-Rosenberg, Richtung Sulzbach-Rosenberg, am Ortsanfang links auf Neumarkter Straße, für 720 Meter (beim Kreisverkehr geradeaus) folgen, links auf Philosophenweg, nach 450 Metern rechts auf Nürnberger Straße, die zu Hagtor wird, bis Luitpoldplatz folgen (Parken: Parkhaus »Schlossgarage«, Klostergasse 1) | **Öffnungszeiten** Veranstaltungen unter www.kulturwerkstatt-online.de, Gruppenführungen auf Anfrage via kulturwerkstatt@sulzbach-rosenberg.de oder Tel. 09661/510110 | **Tipp** Wie schläft es sich im Museum? Wer das herausfinden will, der bucht sich am Luitpoldplatz 6 ein: Über dem Museum »Alte Hofapotheke« befindet sich eine Ferienwohnung mit historischem Mobiliar (info@alte-hofapotheke-sulzbach.de).

101_Das Literaturarchiv

»Provinz ist, was du daraus machst« (W. Höllerer)

Man kann Menschen, die Bücher schreiben, durchaus eine besondere Liebe zur Sprache und zur Literatur unterstellen, und liegt damit wohl selten falsch. Dass das Literaturarchiv aber nicht nur dieser Zielgruppe dient, sondern sich auch an all jene mit geschichtlichem und regionalem Interesse wendet, ist seiner Vielfalt zu verdanken: Zwar beschränken sich die Ausstellungen auf Nachkriegs- und Gegenwartsliteratur, in diesem Bereich schöpfen sie aber aus dem Vollen: Sogar ein Original-Typoskript von Günter Grass' Welterfolg »Die Blechtrommel« findet sich hier, datiert auf das Jahr 1956, vom Schriftsteller einstmals in einem Koffer vergessen und mittlerweile signiert.

Neben wechselnden Sonderausstellungen und der Auseinandersetzung mit regionaler Literatur liegt der Schwerpunkt auf der seit 1953 erscheinenden Literaturzeitschrift »Akzente« und ihrem Gründer Walter Höllerer, der nicht nur, so »Der Spiegel« im Jahr 1965, einst Berlins Kulturmotor war, sondern auch, man lese und staune, aus Sulzbach-Rosenberg stammt. 1977 wurde das Literaturarchiv, ansässig im ehemaligen Amtsgericht der Stadt, von ihm gegründet, zur Eröffnung las (neben anderen) Günter Grass nicht nur, er kochte auch eine schmackhafte Pilzsuppe.

Die Verbindung von Höllerers »Akzente« zur Gruppe 47, der auch Grass angehörte, wird in der Ausstellung deutlich, viele Mitglieder des losen Autorenverbundes, darunter Paul Celan oder Ingeborg Bachmann, wurden in Höllerers Zeitschrift erstmalig veröffentlicht. Obwohl – oder gerade weil – die Gruppe 47 nicht unumstritten war, wurde sie in ihrer Gesamtheit in Deutschland zweifellos die größte literarische Stimme der Nachkriegszeit.

Ganz in Höllerers Sinne finden auch heute noch zahlreiche Veranstaltungen im Literaturarchiv statt. Wer also den literarischen Dreh- und Angelpunkt der Region sucht, wird hier zweifellos fündig.

Adresse Rosenberger Straße 9, 92237 Sulzbach-Rosenberg | **Anfahrt** A 6, Ausfahrt Sulzbach-Rosenberg, Richtung Sulzbach-Rosenberg, dort nach knapp zwei Kilometern an der Kreuzung links auf Rosenberger Straße, bis Zentrum folgen, Literaturarchiv auf der linken Seite | **Öffnungszeiten** Di–Fr 9–16 Uhr, feiertags geschlossen, So (nur während laufender Sonderausstellungen) 14–17 Uhr | **Tipp** Erinnern und begegnen: In zwei Gehminuten Entfernung befindet sich die ehemalige Synagoge, die heute eine Ausstellung zur jüdischen Geschichte in Sulzbach beherbergt (Synagogenstraße 9, geöffnet Mi und So 14–17 Uhr).

102 Der Osterbrunnen

Farbenfroher Brauch um den Hasen

Dieser Ort steht stellvertretend für eine ganze Reihe von Orten, und somit für einen Brauch, der von Palmsonntag bis zwei Wochen nach dem Osterfest im gesamten Amberg-Sulzbacher Land seine sehenswerten Blüten treibt: Öffentliche Dorfbrunnen werden prachtvoll mit bunten Ostereiern, Kränzen und Girlanden geschmückt und dabei oft in Kronenform dekoriert, sodass sie auch als Osterkronen bezeichnet werden. Der ursprünglich aus der Fränkischen Schweiz stammende Brauch schwappte im Laufe des 20. Jahrhunderts auf die Region um Amberg über und wird seither mit großem Enthusiasmus und einem gewissen Ehrgeiz betrieben – zwar ist Dabeisein für die teilnehmenden Vereine und Dorfgemeinschaften alles, das Lob für den prächtigsten Osterbrunnen der Saison heimst man aber verständlicherweise nur zu gerne ein.

Dabei ist die Herkunft des Brauches bis heute nicht eindeutig geklärt: Mutmaßlich aus dem frühen 20. Jahrhundert stammend, besagt eine Annahme, dass den Brunnen gerade in der wasserarmen Fränkischen Schweiz besondere Bedeutung zukam, weshalb man sie nach dem Winter, von Verschmutzung befreit, als Quell des Lebens würdigte und schmückte. Eine andere Theorie geht, mehr ökonomisch als idealistisch, davon aus, dass mit den Osterbrunnen lediglich ein weiterer Anziehungspunkt für Touristen geschaffen werden sollte. Dabei tut auch diese These der Schönheit der Brunnen keinen Abbruch, und ohnehin spricht nichts dagegen, gleichzeitig den Brunnen als früheren Lebensspendern zu huldigen *und* sich über Besucher zu freuen.

Der Mutter-Kind-Brunnen in Sulzbach-Rosenberg wird jährlich vom Arbeiterkameradschaftsverein geschmückt und war im Jahr 2005 sogar Weltrekordhalter: Über 16.500 Eier hatten ihren Weg an den Brunnen gefunden. Die vollständige Liste aller in der Region zur Osterzeit geschmückten Brunnen ist online zu finden. Na, wer hat den schönsten?

Adresse Rosenberger Straße/Ecke Theodor-Heuss-Straße, 92237 Sulzbach-Rosenberg, www.osterbrunnen-online.de | Anfahrt A 6, Ausfahrt Sulzbach-Rosenberg, Richtung Sulzbach-Rosenberg, dort nach knapp zwei Kilometern an der Kreuzung rechts auf Rosenberger Straße, links in Theodor-Heuss-Straße | Tipp Bei der Gelegenheit: In der Stadtpfarrkirche St. Marien ist Maria Franziska von Pfalz-Sulzbach, die Mutter des bayerischen Königs Max I., Begründer der Wittelsbacher Königsdynastie, bestattet – wenigstens in großen Teilen. Ihr Herz befindet sich in der Gnadenkapelle Altötting.

103__Der Schaustollen

Bergbaufeeling mit Show-Effekt

Die Geschichte Sulzbach-Rosenbergs steht im Zeichen des Erzbergbaus, das belegt nicht nur Offensichtliches wie der Hochofen, der als Relikt der Maxhütte verblieben ist, oder der Schlackenberg (Ort 104), der eine Wandlung von der Giftdeponie zum Naherholungsgebiet vollzogen hat.

Auch weniger Augenfälliges lässt sich entlang des Sulzbacher Bergbaupfades von all jenen erkunden, die diesem Industriezweig und seiner in Sulzbach-Rosenberg im Jahr 1977 endenden Geschichte auf den Grund gehen wollen. So wie der Schaustollen Max auf dem Gelände der ehemaligen Flick-Villa, der von der Historischen Gruppe Stiber-Fähnlein e. V. und dem Bergknappenverein ehrenamtlich betreut wird.

Ursprünglich hatte der Stollen im Malmkalk nicht einmal mit dem Bergbau selbst zu tun, sondern wurde 1940/41 auf Geheiß des Bergbaudirektors Flick von den Bergleuten als Luftschutzstollen angelegt. Und doch: Wer den Stollen heute betritt, wird sich nicht nur wegen des ausgestellten Gezähes (Werkzeug der Bergleute), der Karbidlampen, der Schutzkleidung und der gut gefüllten Lore in einem »richtigen« Bergbaustollen wähnen; es ist vor allem das Gefühl bedrückender Enge, das sich verstärkt, je tiefer man in den 100 Meter langen Stollen vordringt. Spätestens wenn Tanja Weiß, Vorsitzende der HG Stiber-Fähnlein und deshalb leidenschaftlich im Einsatz für die Stadtgeschichte und ihre Aufarbeitung, dem Besucher die original Lichtverhältnisse vorführt oder den ohrenbetäubenden Alarm aktiviert, der in den Gruben im Notfall ausgelöst wurde, steigt der Respekt vor der täglichen Arbeit der Kumpel ins Unermessliche.

Nach meinem Besuch des Schaustollens bin ich ziemlich gut im Bilde, nur ein Rätsel bleibt ungelöst: Weshalb die Sulzbacher Bergleute ihr stilles Örtchen seit Generationen konsequent »Daniel« nannten, lässt sich heute nicht mehr ergründen. Alle Daniels dieser Welt mögen es ihnen nachsehen.

Adresse Nähe Theodor-Heuss-Straße 2, 92237 Sulzbach-Rosenberg | Anfahrt A 6, Ausfahrt Sulzbach-Rosenberg, Richtung Sulzbach-Rosenberg, dort nach knapp zwei Kilometern an der Kreuzung rechts auf Rosenberger Straße, nach einem Kilometer links auf Theodor-Heuss-Straße | Öffnungszeiten Führungen auf Anfrage über die Tourist-Information, auf Anfrage auch Betrieb der benachbarten Schmiede, Tel. 09661/510110, E-Mail: tourist-info@sulzbach-rosenberg.de | Tipp Schulgeschichte: Im Ortsteil Rosenberg gibt es mit dem »Ersten Bayerischen Schulmuseum« ein weiteres museales Highlight (Schlossbergweg 10a, geöffnet Mo–Mi 9–16 Uhr, Do 9–15 Uhr und So 14–16.30 Uhr).

104 Der Schlackenberg

Von der Industriemülldeponie zum Ausflugsziel

Mit der Gründung der Maxhütte im Jahr 1863 nahm in Sulzbach-Rosenberg ein großes Stück Industriegeschichte seinen Lauf, basierend auf den umfangreichen Eisenerzvorkommen, die der Oberpfalz auch die Bezeichnung »Ruhrgebiet des Mittelalters« einbrachten. Wo gehobelt wird, da fallen Späne, und wo Eisen aus Erz gewonnen wird, fallen Rückstände an. Genau diese Rückstände – Schlacken – waren es, die ab 1893 bis zum tragischen Ende der Maxhütte 2002 dort aufgeschüttet wurden, wo heute der aus ihnen entstandene »Monte Schlacko« über Sulzbach-Rosenberg wacht.

Nach dem Aus der Maxhütte war die damals trist-bedrohlich graue Halde faktisch herrenlos und fiel dem Freistaat Bayern zu, der mit der 2005 begonnenen Sanierung des Schlackenbergs das größte Altlastensanierungsprojekt Bayerns mit Gesamtkosten von rund 54 Millionen Euro ins Rollen brachte. 2013 wurde die Sanierung abgeschlossen, seither präsentiert sich die ehemalige Halde als freundlich-grüner Hügel, der zwar die Blicke auf sich zieht, aber dennoch harmonisch ins Stadtbild integriert ist. Auch ungenutzt sollte der Schlackenberg nicht bleiben: Unter dem Schlagwort der »sanften touristischen Nutzung« wurde das 32 Hektar große Areal erschlossen, in Infozentren erfährt man alles Wissenswerte über die Sanierung der Halde sowie über die Sulzbach-Rosenberg so maßgeblich prägende Maxhütte und die Eisen- und Stahlerzeugung. Zudem informiert ein rund vier Kilometer langer Lehrpfad über die mittlerweile auf der ehemaligen Deponie angesiedelte Flora und Fauna, und vom Gipfel des Berges aus bietet sich ein phänomenaler Rundblick auf die Umgebung. Wenn schon nicht mit dem Industriedenkmal Maxhütte, das mittlerweile bedauerlicherweise in weiten Teilen abgerissen wurde, so hat man zumindest mit der Sanierung und Erschließung des Schlackenbergs der Oberpfälzer Eisenindustrie ein Denkmal gesetzt.

Adresse Erzhausstraße 12, 92237 Sulzbach-Rosenberg | Anfahrt A 6, Ausfahrt Sulzbach-Rosenberg, Richtung Sulzbach-Rosenberg, dort nach knapp zwei Kilometern an der Kreuzung rechts auf Rosenberger Straße, die zur Rosenbachstraße wird, rechts auf Erzhausstraße | Öffnungszeiten wechselnd, Informationen unter www.regierung.oberpfalz.bayern.de/service/veranstaltungen/schlackenberg | Tipp Berg Nummer zwei: Auch der Schlossberg ist mit seinem Kriegerdenkmal und dem hervorragenden Blick über das Maxhüttengelände den kurzen Aufstieg wert (Schlossbergweg).

105 Die Sieben Quellen

Lebhaftes Naturschauspiel

Wer sich auf den Weg zu den fast poetisch so titulierten Sieben Quellen macht, erwartet vermutlich einen Ort der Stille: Die Füße ins erfrischende Wasser halten, die Umgebung auf sich wirken lassen, zur Ruhe kommen … Das gelingt schließlich an so manchem Ort, der – wie auch diese Karstquellen im Breitenbrunner Tal – vom Bayerischen Landesamt für Umwelt als Geotop ausgewiesen wurde.

So fällt vielleicht schon die Ankunft überraschend aus, denn der Parkplatz befindet sich direkt neben einem trubeligen Freizeittreff: ein Biergarten, eine nagelneue Minigolf-Anlage, ein E-Bike-Verleih, hier ist ganz schön was los. Andererseits: Es sind noch ein paar Meter auf dem Erzweg zurückzulegen, bevor man die Sieben Quellen erreicht, und tatsächlich ist der Weg entlang des Breitenbrunner Bachs zumindest an sonnig-heißen Nachmittagen zwar selten menschenleer, aber doch weitaus ruhiger.

Gelangt man nun zur wohl beeindruckendsten der Sieben Quellen, kann es allerdings passieren, dass man den Gedanken an Ruhe und im Wasser baumelnde Füße direkt verwerfen muss: Bei Kindern ist das unter der sehenswerten Dolomitfelsformation hervorfließende Quellwasser, das sich zunächst in einem flachen Becken sammelt, bevor es den Bach speist, außerordentlich beliebt. Wo sonst lässt sich so hervorragend mit allerlei natürlichen Materialien ein zwar nicht ganz funktionstüchtiger, aber doch recht imposanter Damm bauen?

Fazit: Den Ruhesuchenden unter Ihnen sei der Besuch des Landschaftsschutzgebietes abseits üblicher Schönwetter-Stoßzeiten empfohlen. Wen allerdings Kinderlachen und Rummel inmitten schönster Natur nicht stören oder wer gar einen ganz natürlichen Abenteuerspielplatz für den eigenen Nachwuchs sucht, der ist hier selbst zur beliebtesten Ausflugszeit goldrichtig. Ob man im allgemeinen Trubel aber auch wirklich alle sieben Quellen entdeckt, ist fraglich.

Adresse Nähe Rieglesbrunnenstraße 31, 92237 Sulzbach-Rosenberg | **Anfahrt** A 6, Ausfahrt Sulzbach-Rosenberg, Richtung Sulzbach-Rosenberg, nach circa 1,3 Kilometern rechts auf Goethestraße, rechts auf Breitenbrunner Straße, nach 600 Metern rechts, gleich wieder rechts auf Rieglesbrunnenstraße, beim Freizeittreff parken und zu Fuß zum Waldrand, dort rechts auf Erzweg (Fußweg circa 300 Meter) | **Tipp** Die Weisheit des Drachen: Im Sulzbacher Stadtgraben (Nähe »Auf der Schanze«) gibt es seit Frühjahr 2022 den Pfad des Drachen YSTORION mit 300 Meter (Stadt-)Geschichte und Geschichten satt!

106_Die Wüstung Großenfalz

Auf Erz gebaut

Geschichtlich Interessierte kennen das Phänomen: Manchmal ist das am spannendsten, was man kaum mehr sieht, und die Freude am größten, wenn man zumindest noch Spuren dessen entdeckt, was einst gewesen ist. Ähnlich ist es beim Dorf Alt Großenfalz, erstmalig im Jahr 1240 urkundlich erwähnt und mittlerweile Wüstung, das aufs Anschaulichste die drastischen Auswirkungen der großen regionalen Erzvorkommen dokumentiert, um die sich die damaligen Landesherren schon im frühen 15. Jahrhundert stritten.

Ab circa 1950 fanden umfangreiche Tiefbohrungen statt, die belegten, dass der Erzkörper direkt unter der Ortschaft zu finden war. Im Folgenden, zu Beginn der 1960er Jahre, bemühte sich die Sulzbach-Rosenberger Maxhütte, die Bewohner gegen Zahlung einer Ablösesumme zur Aufgabe ihrer Höfe zu bewegen. Die Verbindung der Dorfbewohner zum Bergbau war groß, viele von ihnen arbeiteten zumindest im Nebenerwerb unter Tage, und doch zögerten verständlicherweise so einige von ihnen, die Heimat aufzugeben. Dies änderte sich erst, als es im Januar 1964 zu einem Wassereinbruch in der Grube kam und sich hinter einem der Höfe ein Loch von zwölf auf zwölf Metern auftat. Nun stimmten auch die letzten Großenfalzer notgedrungen der Absiedelung zu, und mussten trotz der Ablösesummen noch erhebliche finanzielle Eigenmittel aufbringen.

Heute führt der schmale Bergbaupfad durch Bruchfelder dorthin, wo die größte, mit Wasser verfüllte Pinge an den Einsturz erinnert. Zwischen ein paar verbliebenen Grundmauern am Uferrand hat sich die Natur das Gebiet zurückerobert, das, seit 1987 offiziell als Naturschutzgebiet deklariert, mittlerweile zahlreichen Arten Lebensraum bietet. Dass die Großenfalzer, die heute zumindest zum Teil in der gleichnamigen, nahe gelegenen Streusiedlung leben, durchaus auch mit Wehmut auf das blicken, was von ihrem Dorf übrig blieb, ist dennoch nur allzu verständlich.

Adresse Nähe Großenfalz 11, 92237 Sulzbach-Rosenberg-Großenfalz | Anfahrt A 6, Ausfahrt Sulzbach-Rosenberg, Richtung Sulzbach-Rosenberg, wo die Straße zur B 14 wird, in Sulzbach-Rosenberg rechts, um auf B 14 zu bleiben, nach 4,2 Kilometern rechts abfahren und der Straße über Kleinfalz für 1,8 Kilometer folgen, links nach Großenfalz, rund ein Kilometer zur Wüstung | Tipp Feste feiern: Die Region ist bekannt für ihre Bergfeste, das jährliche Fest auf dem Sulzbach-Rosenberger Annaberg erstreckt sich über eine ganze Woche um den Annatag am 26. Juli und ist das größte im Landkreis. Für das leibliche Wohl ist gesorgt!

107__Der Erlhof

Das Windbeutelparadies

Beim ersten Mal winke ich noch ab, als mich jemand fragt, ob ich denn schon einen Windbeutel im Erlhof gegessen habe. Beim zweiten Mal werde ich neugierig. Beim dritten Mal schließlich gibt es kein Halten mehr: Anscheinend führt an diesen Windbeuteln kein Weg vorbei, und so spaziere ich eines Nachmittags erwartungsvoll in das Mekka der Windbeutelfans.

Der Gasthof der Familie Erras mit seinen gleichermaßen schmucken wie gemütlichen Räumlichkeiten wird seit 1950 und mittlerweile in dritter Generation als Familienbetrieb geführt, ebenso wie die zugehörige Brauerei, Metzgerei und Konditorei. Schon lange bäckt man hier die mittlerweile offensichtlich legendären Windbeutel, jeder neue Ofen für die Küche wird vor dem Kauf auf Herz und Nieren auf seine Windbeuteltauglichkeit geprüft. Die hauseigene Spezialität gibt es mit verschiedenen Füllungen: Sahne pur und Sahne mit Sauerkirschen sind Standard, saisonal kommt noch das eine oder andere Angebot hinzu.

Wie auch immer die Entscheidung ausfällt, man setzt sich also frohgemut in den malerischen Biergarten und harrt der Dinge, die da kommen sollen. Sie kommen – und man gerät unweigerlich ins Staunen: Vergessen Sie die läppischen Windbeutelchen, die Sie aus der Tiefkühlabteilung kennen! Die Windbeutel im Erlhof, reich gefüllt, haben einen Durchmesser von 15 Zentimetern und sind an die 25 Zentimeter hoch. Schon laufen an den Nachbartischen Wetten, ob der Kampf mit dem gigantischen Sahne-Brandteig-Berg gewonnen werden kann oder ob man doch die Waffen strecken muss. Für Ersteres spricht die Tatsache, dass die Windbeutel nicht übermäßig süß sind, dafür aber phänomenal lecker. Schlechte Esser sollten aber in Erwägung ziehen, sich die Kalorienbombe nicht allein vorzunehmen.

Eines steht zweifellos fest: Nach der restlosen Vernichtung des Windbeutels zum nachmittäglichen Kaffee kann man das Abendessen getrost ausfallen lassen.

Adresse Laurentiusstraße 9, 92289 Ursensollen-Erlheim | Anfahrt A 6, Ausfahrt Amberg-West, auf B 299 Richtung Ursensollen, nach 600 Metern links auf Hohenburger Straße, nach einem Kilometer links auf Lehrer-Linhard-Straße, in Hohenkemnath rechts Richtung Erlheim, nach 2,2 Kilometern links Richtung Erlheim, bis zum Erlhof folgen | Öffnungszeiten Mi–Sa warme Küche 11–21 Uhr, So und Feiertage 11–20 Uhr | Tipp Totenweg: Früher wurden die Verstorbenen auf diesem Weg von Zant nach Erlheim zur Beerdigung gebracht, heute empfiehlt sich hier ein Spaziergang zum Zanter Schlossberg mit der Kirche St. Josef und den Resten einer Burgruine.

108 Der Hirschpark

Ein tierisches Begrüßungskomitee

Wem nicht nach einer schweißtreibenden Wanderung, sondern eher nach einem kleinen, dennoch abwechslungsreichen Spaziergang zumute ist, der sollte dem Weiler Heinzhof unbedingt einen Besuch abstatten: Hier gibt es mit dem direkt neben der Waldschänke gelegenen Hirschpark ein lohnendes Ziel für all diejenigen, die nicht nur die üppige Natur genießen, sondern dabei auch noch der Tierbeobachtung nachgehen wollen, denn um das weiträumige, malerisch in die hügelige Landschaft eingebettete Gehege der Rotwildherde, die hier residiert, führt ein Rundweg in Form eines Natur-Wanderwegs mit Waldlehrpfad (Dauer circa 45 Minuten).

Doch auf diesen Wanderweg muss man es erst einmal schaffen: Tatsächlich erweisen sich die Tiere als durchaus zeigefreudig, zuweilen sogar richtiggehend neugierig. Stellen Sie sich also darauf ein, beim Eintreffen am Gehege ganz genau in Augenschein genommen zu werden! Es kann ein paar Minuten dauern, bis die Hirsche, Jungtiere und unzähligen Hirschkühe das Interesse am Homo sapiens auf der anderen Seite des Zauns verlieren und wieder ihrem gewohnten Treiben frönen. Dann aber geht es durchaus unterhaltsam zu, im Gehege herrscht gute Laune: Ob nun beim übermütigen Bad im Tümpel, bei einer kleinen Rangelei unter Geweihträgern oder beim Getümmel an der Futterstelle, die Tiere liefern ziemlich gute Unterhaltung. So gute sogar, dass es vielleicht schwerfallen könnte, sich loszureißen, und man stattdessen lieber ausgiebig den Grzimek gibt.

Ob man nun den Rundweg absolviert oder lediglich den Tieren einen ausgedehnten Besuch abstattet, bleibt natürlich jedem selbst überlassen. In jedem Fall empfiehlt es sich aber, den Aufenthalt bei einem kühlen Getränk auf der neu gestalteten Terrasse der Waldschänke ausklingen zu lassen, bevor man tiefenentspannt wieder aufbricht. Manchmal darf es ja auch gemütlich sein.

Adresse Nähe Heinzhof 5, 92289 Ursensollen-Heinzhof | Anfahrt A 6, Ausfahrt Amberg-West, auf B 299 Richtung Ursensollen, nach 600 Metern links auf Hohenburger Straße und 6,1 Kilometer folgen, links auf Heimhofer Straße, nach 1,4 Kilometern Richtung Heinzhof, Parkplatz nach einem Kilometer rechts | Tipp Der Mühen Lohn: Wer fleißiger ist als oben beschrieben und den Rundwanderweg oder sogar eine Wanderung zur knapp vier Kilometer entfernten sehenswerten Burg Heimhof absolviert, der hat sich eine ausgiebige Stärkung mit den Spezialitäten der Waldschänke wahrlich verdient (geöffnet Mi–So ab 10 Uhr).

109 Das Liebesnest

Die Skandalnudel und der Türmersohn

Wenn man sich mit einer Femme fatale einlässt, endet der Liebesrausch zuweilen schmerzhaft. Dass auch der bayerische Hochadel davor nicht gefeit ist, demonstriert die Geschichte von König Ludwig I., der sich 1846 blitzartig in die als Elizabeth Gilbert in Irland geborene, schwarzhaarige Schönheit verliebte, die unter ihrem spanische Heißblütigkeit suggerierenden Künstlernamen »Lola Montez« bekannt war. Er befand sich damit in guter Gesellschaft, auch der Komponist Franz Liszt und Schriftsteller Alexandre Dumas konnten bereits auf eine Affäre mit Lola Montez zurückblicken. 1847 erhob Ludwig I. seine junge Geliebte in den Adelsstand, während das Volk aufgrund des öffentlichen Skandals heftig gegen Lola Montez und den liebeskranken Monarchen rebellierte.

Montez hingegen legte sich eine studentische Leibgarde zu, fürderhin verächtlich »Lolamannen« genannt. Ausgerechnet der junge Corpsstudent Elias Peißner, Sohn des Vilsecker Türmers, war es, der sich alsbald von dem ebenso charismatischen wie verruchten Männermagneten verführt sah und zum Nebenbuhler des Königs wurde.

Alle mutmaßliche Nonchalance der Lebedame nutzte letztlich jedoch nichts: 1848 floh sie notgedrungen aus München, mit Hilfe ihres jungen Geliebten, der sie für einige Tage im Haus seiner Eltern in Vilseck, dem Wünnenberghaus, versteckt haben soll. Ganz gewiss ist dies nicht, die Dame verstand es, ihre Spuren zu verwischen; der Fund eines Reisekleides im Dachboden deutet jedoch durchaus darauf hin. Sehenswert ist das mit »1598« bezeichnete Geburtshaus Peißners mit seiner Fassadendekoration aus Renaissance und Barock allemal.

Die aufsehenerregende Geschichte endete mit Ludwigs Abdankung, der Auswanderung Peißners in die USA, wo er 1863 im Bürgerkrieg fiel – und Lola Montez, die ihr Leben in gewohnt schillernder Manier fortführte, bis sie 39-jährig in New York an den Folgen einer Lungenentzündung verstarb.

Adresse Marktplatz 20, 92249 Vilseck | Anfahrt A6, Ausfahrt Amberg-West, auf B299 Richtung Amberg, der Straße über Amberg hinaus für circa 11,5 Kilometer folgen, dann links entsprechend der Beschilderung nach Vilseck/Hahnbach, in Vilseck rechts, um auf Amberger Straße zu bleiben, die zum Marktplatz führt | Tipp Erstes Deutsches Türmermuseum: Im Wahrzeichen der Stadt, dem sanierten Vogelturm, lässt sich neben dem Reisekleid der Lola Montez auch Spannendes über Geschichte und Kultur der Oberpfälzer Türmer entdecken (geöffnet Fr, Sa, So und feiertags 14–17 Uhr, Marktplatz Vilseck).

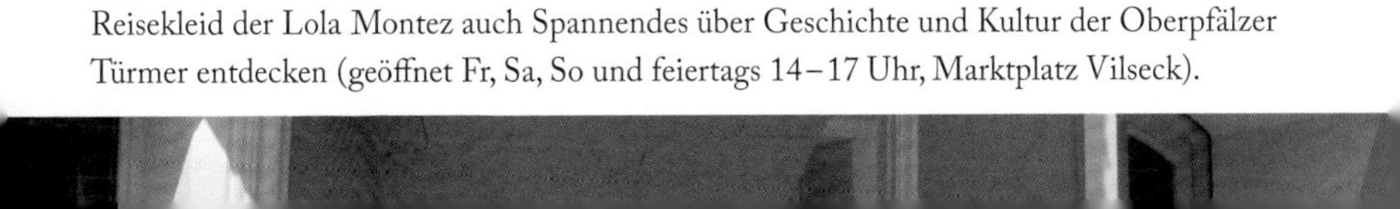

110_Zum Alten Fritz

Das Schlachtschüssel-Eldorado

Im Gegensatz zu einigen anderen bayerischen Regionen, in denen man sich etwas weniger auf das Bewahren von Traditionen als auf das Bedienen neuer Trends verlegt hat, kommt der altbewährten Schlachtschüssel im Amberg-Sulzbacher Raum große Bedeutung zu: Dampfendes Kesselfleisch, Blut- und Leberwürste, dazu Sauerkraut und Kartoffeln, diese deftige Kombination wird hier vielerorts zelebriert und geschätzt, das belegt schon allein der vom Amberg-Sulzbacher Land herausgegebene Schlachtschüsselführer. Dabei steht natürlich die Frische der Produkte im Fokus, und die ist gewährleistet – umso mehr, wenn wie im Falle des Gasthofs »Zum Alten Fritz« in Haunritz Metzger und Wirt in Personalunion fungieren: Rainer Mayer betreibt das mittlerweile um zehn Hotelzimmer erweiterte Gasthaus, das sich seit 1859 in Familienbesitz befindet, mit Leidenschaft; das ist nicht zu übersehen, als er mich durch das »Allerheiligste« seines Gasthofs führt, an dampfenden Kesseln vorbei, und mir einen Blick in die duftenden Räucheröfen gewährt. Nicht nur die allseits bekannten Blut- und Leberwürste werden hier zubereitet, auch »Krautwürste« werden angeboten: Ursprünglich aus der Not geboren, haben sich diese mit Weißkraut gestreckten Leberwürste zu einer echten Haunritzer Spezialität entwickelt.

Ob man sich nun im Biergarten oder in der gemütlichen Gaststube niederlässt, immer ist der namensgebende Alte Fritz in der Nähe und hat einen Blick auf die hungrige Meute, die regelmäßig am Mittwoch – dem wöchentlichen Schlachtschüsseltag in Haunritz – hier einfällt. Schon um halb zwölf ist der Andrang groß.

Für alle Vegetarier, die sich mit diesem Ort nun um einen Tipp betrogen fühlen, die hoffentlich versöhnliche Information: Auch diejenigen, die sich fleischlos ernähren, müssen beim »Alten Fritz« nicht verhungern. Die Fleischesser aber haben hier ihr Eldorado gefunden!

Adresse Hauptstraße 41, 91249 Weigendorf-Haunritz | **Anfahrt** A 6, Ausfahrt Sulzbach-Rosenberg, Richtung Sulzbach-Rosenberg, nach 3,5 Kilometern links, der Straße geradeaus (über Kreisverkehr) für rund neun Kilometer folgen | **Öffnungszeiten** warme Küche Mi–So 11.30–14 und 17–20 Uhr, Mo 11.30–14 Uhr, ab 15 Uhr geschlossen, Di Ruhetag, Mi Schlachtschüsseltag | **Tipp** Suchspiel: Wer den zehnminütigen Aufstieg zum »Alten Fritz«, dem über Haunritz thronenden Felsen, scheut, sollte sich wenigstens zum Haunritzer Dorfplatz begeben: Neben einer sehenswerten alten Mühle hat man von hier aus auch einen guten Blick auf den Felsen und kann den Kopf des Preußenkönigs im Gestein bewundern. Unbedingt ein bisschen Phantasie mitbringen!

111 Das Scheunenviertel

Ein Spaziergang durch die Vergangenheit

Der letzte Ort dieses Buches ist dem geschuldet, was den aufmerksamen Leserinnen und Lesern ohnehin nicht verborgen bleiben konnte: einer ausgeprägten Vorliebe für historische Bauwerke, ganz unabhängig von ihrem Erhaltungszustand.

Aber um den Erhaltungszustand, und das ist angesichts der Funktion der Bauten doch ein wenig erstaunlich, muss man sich beim Kaltenbrunner Scheunenviertel, vielfach auch bescheidener als »Stadelreihen« tituliert, keine großen Sorgen machen: Die Scheunen sind, wie Perlen auf der Schnur aneinandergereiht, am östlichen Ortseingang zu finden und stehen allesamt gut da. Keine Spur von Verfall und Einsturzgefahr, auch wenn sie freilich ihr Alter nicht verhehlen können: Von den eingeschossigen Bauten sind zwar nur zwei mit den exakten Jahreszahlen ihrer Entstehung, nämlich 1823 und 1824, bezeichnet, allesamt stammen sie aber aus der ersten Hälfte des 19. Jahrhunderts. Damals wurden die Scheunen von den ortsansässigen Kleinlandwirten mit nur zwei oder drei Kühen genutzt, heute stehen sie zum Teil leer, zum Teil fungieren sie aber immerhin noch als Abstellhallen. Dennoch bieten sie einen sehenswerten Anblick, dafür sorgt schon der farbenfrohe und fotogene Anstrich der westlichen Stadelreihe. Bemerkenswert sind auch die kleinen Details, die das geschichtsträchtige Flair der Gebäude unterstreichen und dazu einladen, näher zu treten und sie genau zu inspizieren. Weitere Einblicke in alte Ortsansichten erhalten Interessierte im privaten Heimatmuseum von Alfons Bösl.

Während ich an diesem Julitag um die alten Scheunen herumspaziere und mein Blick an einer dekorativ in einem Schlitzfenster aufgestellten rostigen Schale mit einem bunten Sammelsurium altertümlicher Handwerksutensilien hängen bleibt, wird mir klar, dass genau darin die Faszination liegt: der Vergangenheit nachzuspüren, anstatt sie nur erzählt zu bekommen. Also: Nichts wie los!

Adresse Weidener Straße, 92700 Weiherhammer-Kaltenbrunn, Heimatmuseum von Alfons Bösl am Marktplatz 7, Voranmeldung unter Tel. 09646/285 | Anfahrt A 6, Ausfahrt Amberg-West, der B 299 über Amberg hinaus für insgesamt 34,5 Kilometer folgen, dann rechts Richtung Kaltenbrunn, im Ort rechts auf Friedhofstraße, gleich wieder links auf Bürgermeister-Hörl-Straße, nach 290 Metern rechts auf Weidener Straße | Tipp Rund um die Biene: Ein kleines Stück weiter ortsauswärts, noch vor dem Wald, beginnt beim Feldkreuz der circa 600 Meter lange Bienenlehrpfad des Imker- und Bienenzuchtvereins mit Insektenhotel und Schautafeln (Besichtigung Lehrbienenhauses auf Anfrage, Herr Prölß, Tel. 09646/662).

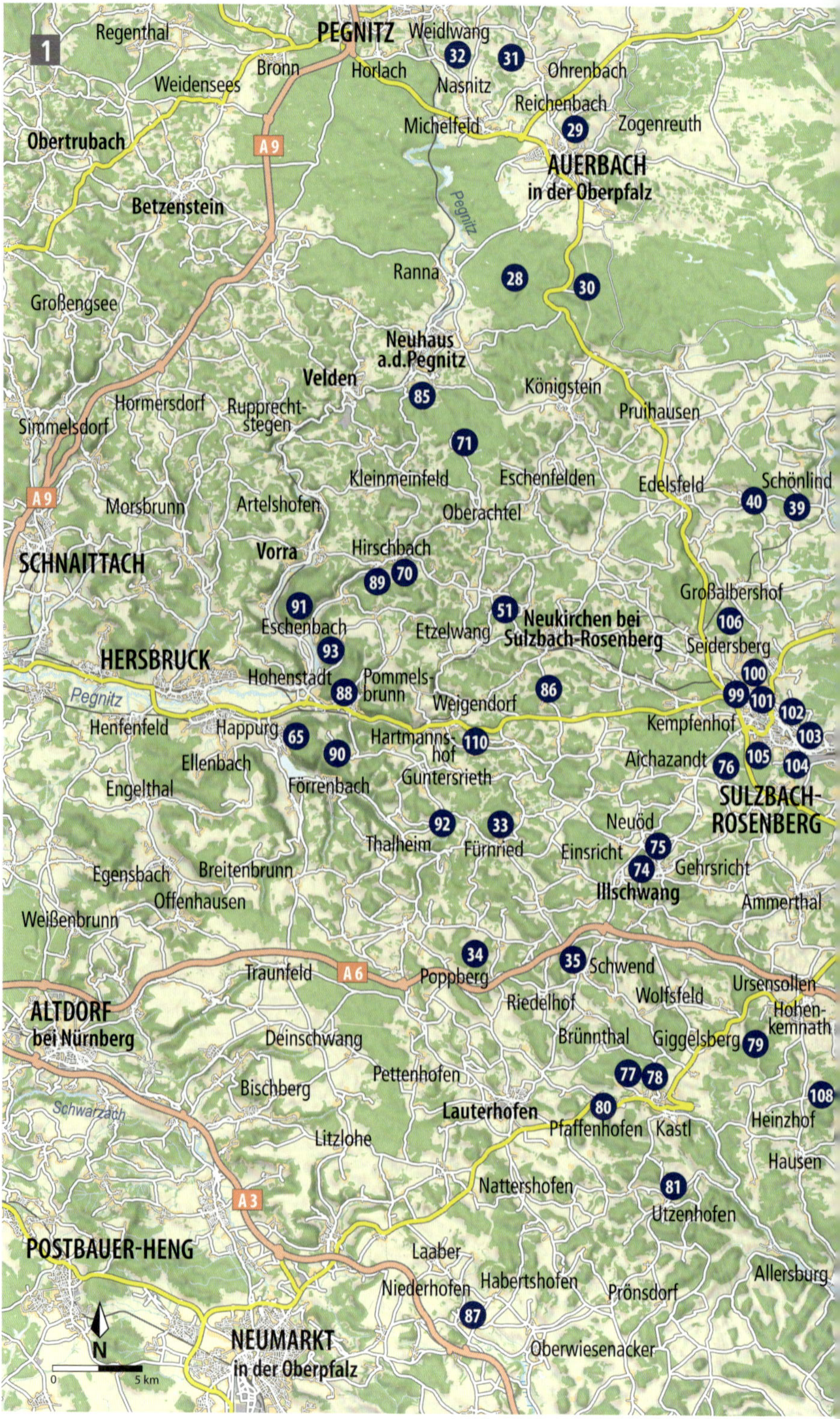
1
Regenthal
PEGNITZ
Weidlwang
32
31
Bronn
Horlach
Ohrenbach
Weidensees
Nasnitz
Reichenbach
Michelfeld
29
Zogenreuth
Obertrubach
A 9
AUERBACH
in der Oberpfalz
Betzenstein
Pegnitz
Ranna
28
30
Großengsee
Neuhaus
a.d.Pegnitz
Velden
85
Königstein
Hormersdorf
Rupprecht-
stegen
Pruihausen
Simmelsdorf
71
Kleinmeinfeld
Eschenfelden
Edelsfeld
Schönlind
A 9
40
39
Morsbrunn
Artelshofen
Oberachtel
Hirschbach
SCHNAITTACH
Vorra
70
89
Großalbershof
91
51
Neukirchen bei
Sulzbach-Rosenberg
106
Eschenbach
Etzelwang
Seidersberg
HERSBRUCK
93
100
Hohenstadt
Pommels-
brunn
88
86
99
101
Pegnitz
Weigendorf
102
Henfenfeld
Happurg
65
Kempfenhof
103
Hartmanns-
hof
110
Ellenbach
90
Aichazandt
76
105
104
Engelthal
Förrenbach
Guntersrieth
SULZBACH-
ROSENBERG
92
33
Neuöd
Thalheim
Fürnried
Einsricht
75
Egensbach
Breitenbrunn
74
Gehrsricht
Offenhausen
Illschwang
Ammerthal
Weißenbrunn
34
35
Schwend
Traunfeld
A 6
Poppberg
Ursensollen
Wolfsfeld
ALTDORF
bei Nürnberg
Riedelhof
Hohen-
kemnath
Deinschwang
Brünnthal
Giggelsberg
79
Pettenhofen
77
78
Bischberg
108
Schwarzach
Lauterhofen
80
Pfaffenhofen
Kastl
Heinzhof
Litzlohe
Hausen
81
Nattershofen
A 3
Utzenhofen
POSTBAUER-HENG
Laaber
Allersburg
Habertshofen
Niederhofen
Prönsdorf
87
N
NEUMARKT
in der Oberpfalz
Oberwiesenacker
0
5 km

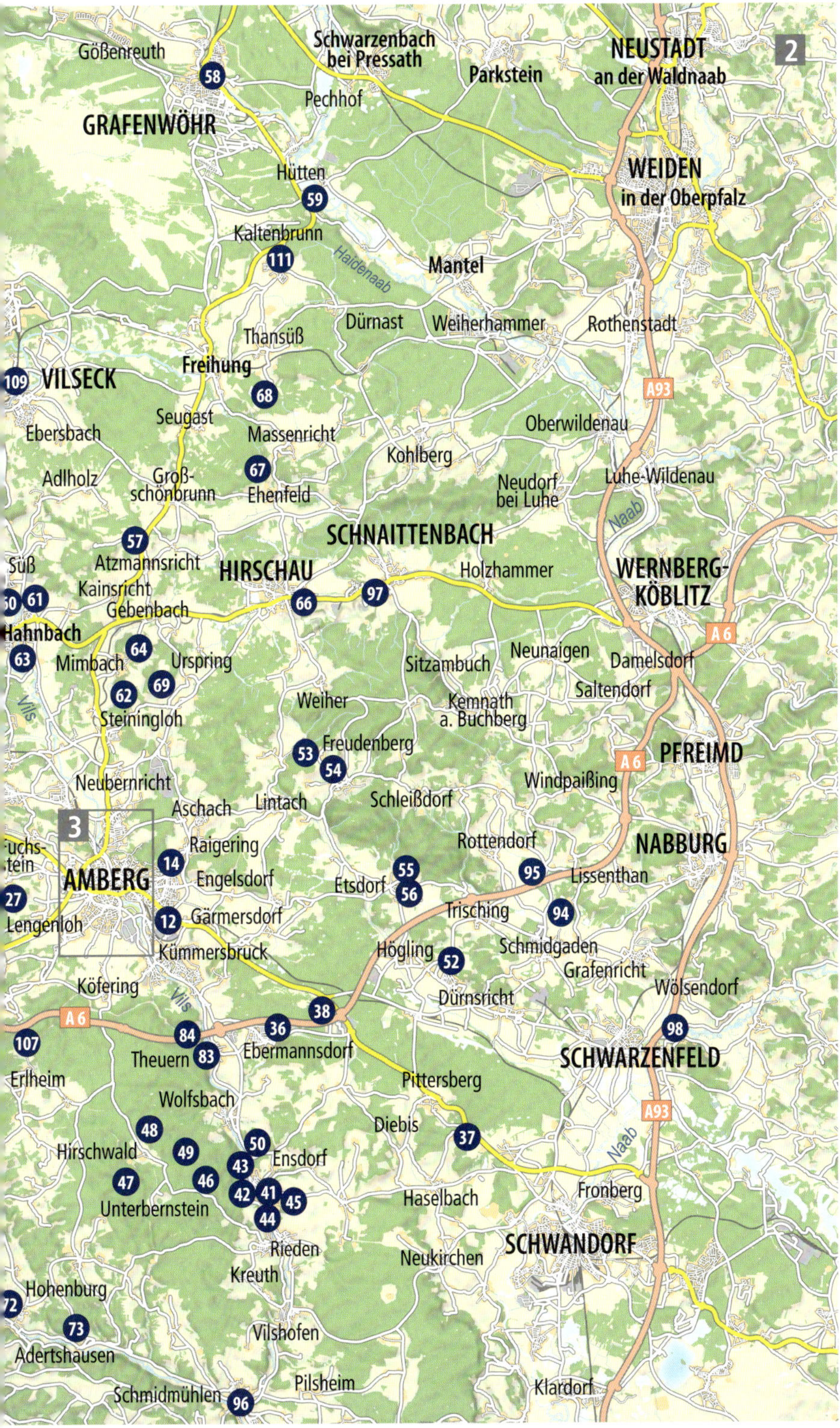
2
Gößenreuth
58
GRAFENWÖHR
Schwarzenbach bei Pressath
Pechhof
Parkstein
NEUSTADT an der Waldnaab
WEIDEN in der Oberpfalz
Hütten
59
Kaltenbrunn
111
Haidenaab
Mantel
Dürnast
Weiherhammer
Rothenstadt
Thansüß
Freihung
109
VILSECK
68
A93
Seugast
Ebersbach
Massenricht
Oberwildenau
Kohlberg
Adlholz
Groß-schönbrunn
67
Ehenfeld
Neudorf bei Luhe
Luhe-Wildenau
Naab
SCHNAITTENBACH
57
Süß
Atzmannsricht
HIRSCHAU
Holzhammer
WERNBERG-KÖBLITZ
Kainsricht
61
Gebenbach
66
97
Hahnbach
A 6
63
Mimbach
64
Urspring
Sitzambuch
Neunaigen
Damelsdorf
62
69
Saltendorf
Vils
Steiningloh
Weiher
Kemnath a. Buchberg
53
Freudenberg
54
A 6
PFREIMD
Neubernricht
Windpaißing
Aschach
Lintach
Schleißdorf
3
Raigering
Rottendorf
NABBURG
14
AMBERG
Engelsdorf
Etsdorf
55
56
95
Lissenthan
27
Lengenloh
12
Gärmersdorf
Trisching
94
Kümmersbruck
Högling
52
Schmidgaden
Grafenricht
Köfering
Vils
Wölsendorf
Dürnsricht
38
A 6
36
84
107
98
Theuern
83
Ebermannsdorf
SCHWARZENFELD
Erlheim
Pittersberg
Wolfsbach
A93
Diebis
48
37
50
Hirschwald
49
Ensdorf
Naab
43
47
46
42
41
45
Haselbach
Fronberg
Unterbernstein
44
Rieden
Neukirchen
SCHWANDORF
Kreuth
Hohenburg
73
Vilshofen
Adertshausen
Pilsheim
Schmidmühlen
96
Klardorf

3
19
18
Sulzbacher Str.
Bayreuther Str.
Mariahilf-
berg
16
Wallfahrtskirche
Maria Hilf
Sulzbacher Str.
Bayreuther Str.
Steingutstr.
6
Vils
Eglseer Str.
Kaiser-Ludwig-
Ring
Kaiser-Wilhelm-
Ring
25
23
3
1
9
2
Bahnhof
Mariahilfbergweg
Jahnstr.
Fleurystr.
Marktplatz
17
11
10
8
21
13
20
7
22
15
Raigeringer Str.
Regensburger Str.
Nürnberger Str.
Kaiser-Wilhelm-Ring
Kurfürstenring
AMBERG
Ammerbach
Hockermühlstr.
Vils
Drahthammerstraße
Stadion
am Schanzl
5
Werner-von-Siemens-Str.
Dult-
platz
24
4
Haager Weg
26
Köferinger Str.
GAILOH
Vilstalstr.
N
0
200 m
Bayernwerkstr.
Vils
Vilstalstr.
82

Sonja Silberhorn
111 Lost Places in der Oberpfalz, die man gesehen haben muss
ISBN 978-3-7408-0838-9

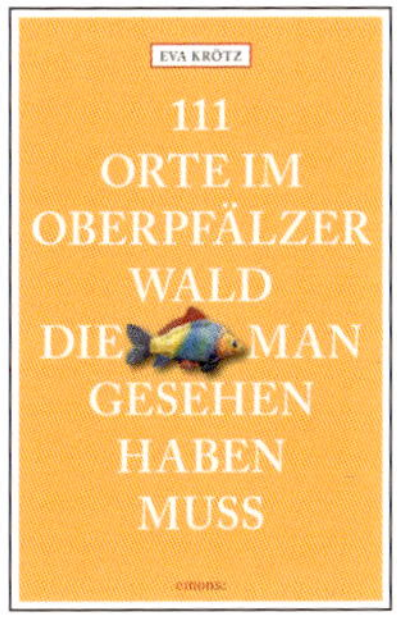

Eva Kroetz
111 Orte im Oberpfälzer Wald, die man gesehen haben muss
ISBN 978-3-7408-0331-5

Reiner Vogel
111 Orte in Regensburg, die man gesehen haben muss
ISBN 978-3-95451-054-2

Marko Roeske
111 Orte im Bayerischen Wald, die man gesehen haben muss
ISBN 978-3-7408-1184-6

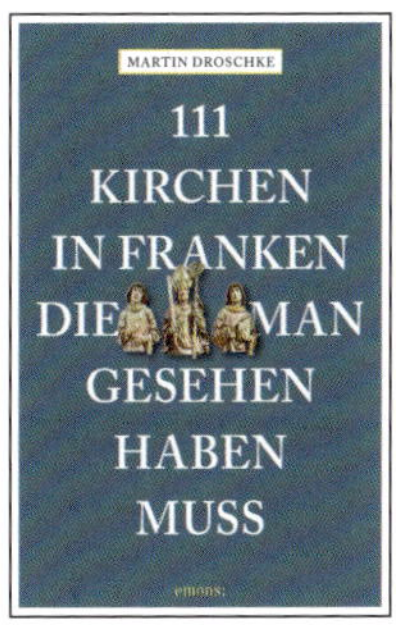

Martin Droschke
111 Kirchen in Franken, die man gesehen haben muss
ISBN 978-3-7408-1468-7

Rüdiger Liedtke
111 Orte in München, die man gesehen haben muss, Band 1
ISBN 978-3-7408-1298-0

Astrid Süßmuth
111 Spukorte in und um München, die man gesehen haben muss
ISBN 978-3-7408-0336-0

Rüdiger Liedtke
111 Orte in München, die man gesehen haben muss, Band 2
ISBN 978-3-7408-1514-1

Christian Gehl
111 Badeplätze in und um München, die man kennen muss
ISBN 978-3-7408-1423-6

Evelyn Pschak von Rebay
111 Mal sauguad essen in München
ISBN 978-3-7408-1354-3

Rüdiger Liedtke
111 Münchner Meisterwerke, die man gesehen haben muss
ISBN 978-3-7408-1297-3

Bernhard Horsinka, Renate Bugyi-Ollert
111 Orte in und um Würzburg die man gesehen haben muss
ISBN 978-3-7408-1343-7

Gregor Nagler
111 Orte in Augsburg, die man gesehen haben muss
ISBN 978-3-7408-1422-9

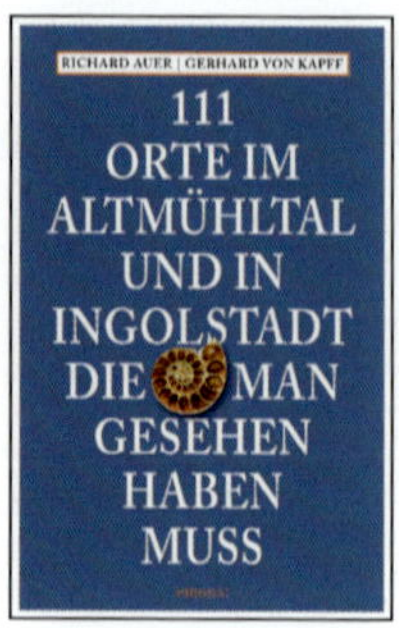

Richard Auer, Gerhard von Kapff
111 Orte im Altmühltal und in Ingolstadt, die man gesehen haben muss
ISBN 978-3-7408-1472-4

Jochen Reiss
111 Orte im Fünfseenland, die man gesehen haben muss
ISBN 978-3-7408-1419-9

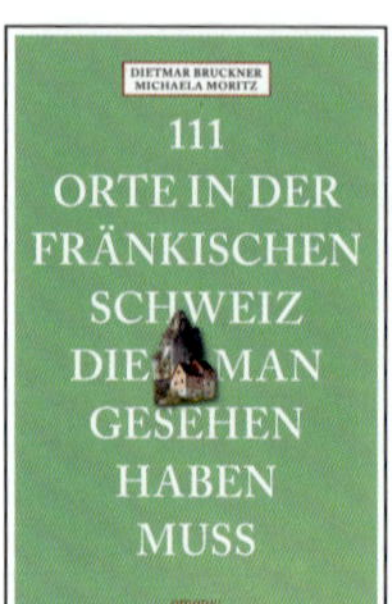

Dietmar Bruckner, Michaela Moritz
111 Orte in der Fränkischen Schweiz, die man gesehen haben muss
ISBN 978-3-7408-1089-4

Martin Droschke
111 Biere aus Altbayern und Bayerisch-Schwaben, die man getrunken haben muss
ISBN 978-3-7408-1069-6

Kerstin Söder
111 Orte im Fränkischen Seenland, die man gesehen haben muss
ISBN 978-3-7408-1072-6

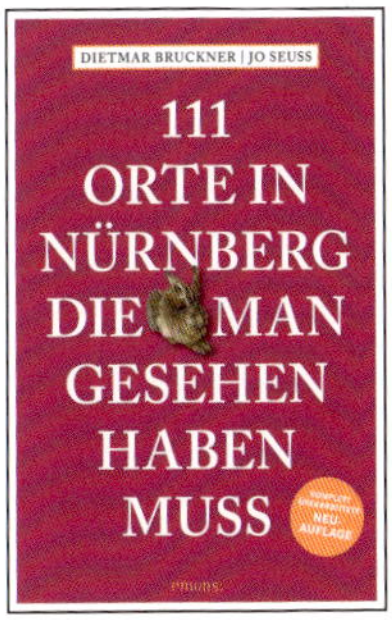

Dietmar Bruckner, Jo Seuß
111 Orte in Nürnberg, die man gesehen haben muss
ISBN 978-3-7408-1019-1

Werner Schwanfelder
111 Orte in Mittelfranken, die man gesehen haben muss
ISBN 978-3-7408-1171-6

Astrid Süßmuth
111 Almen und Hütten in Oberbayern, die man gesehen haben muss
ISBN 978-3-7408-0823-5

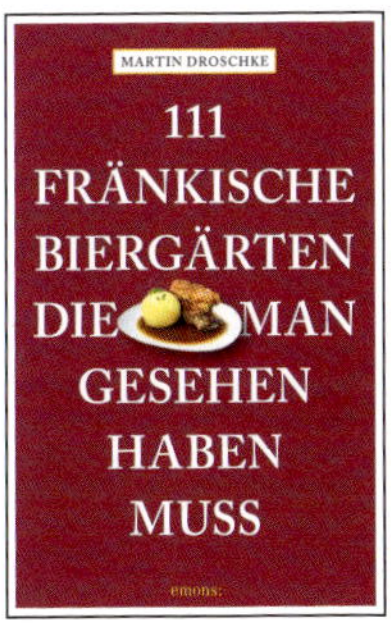

Martin Droschke
111 fränkische Biergärten, die man gesehen haben muss
ISBN 978-3-7408-0851-8

Christine Hochreiter
111 Orte in und um Passau, die man gesehen haben muss
ISBN 978-3-7408-0733-7

Bernd Schinner
111 Orte im Fichtelgebirge, die man gesehen haben muss
ISBN 978-3-7408-0741-2

Jo Seuss
111 Orte in Fürth & Erlangen, die man gesehen haben muss
ISBN 978-3-7408-0724-5

Cornelia Ziegler
111 Orte rund um München, die man gesehen haben muss
ISBN 978-3-7408-0437-4

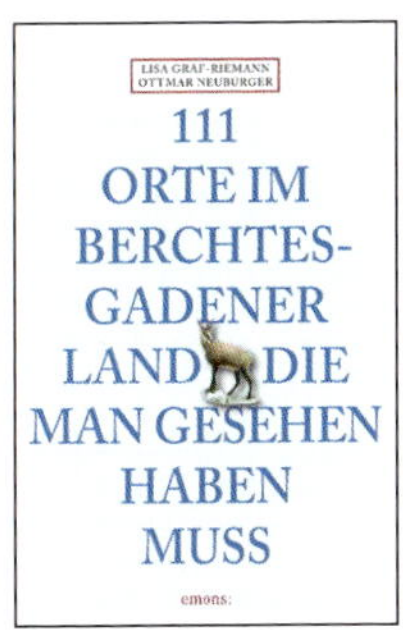

Lisa Graf-Riemann,
Ottmar Neuburger
111 Orte im Berchtesgadener Land, die man gesehen haben muss
ISBN 978-3-89705-961-0

Sabine M. Gruber
111 Orte in den Wiener Alpen, die man gesehen haben muss
ISBN 978-3-7408-1213-3

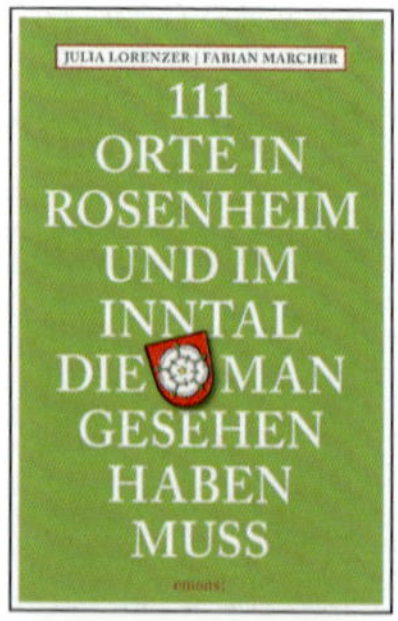

Julia Lorenzer, Fabian Marcher
111 Orte in Rosenheim und im Inntal, die man gesehen haben muss
ISBN 978-3-95451-735-0

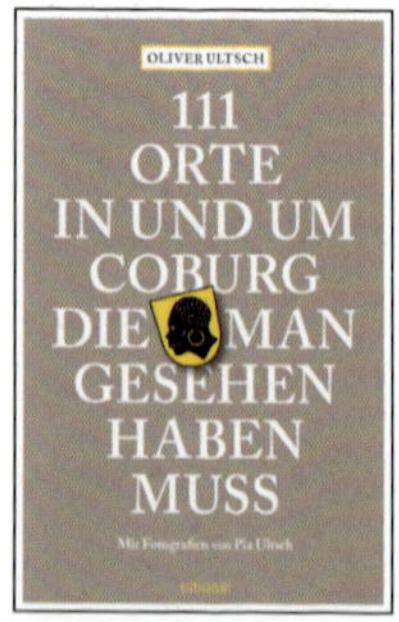

Oliver Ultsch
111 Orte in und um Coburg, die man gesehen haben muss
ISBN 978-3-95451-923-1

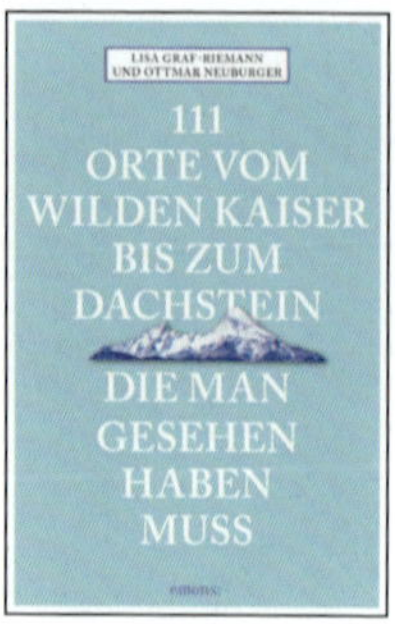

Lisa Graf-Riemann, Ottmar Neuburger
111 Orte vom Wilden Kaiser bis zum Dachstein, die man gesehen haben muss
ISBN 978-3-7408-0138-0

Martin Droschke, Norbert Krines
111 Fränkische Biere, die man getrunken haben muss
ISBN 978-3-95451-922-4

Astrid Süßmuth
111 Orte im Werdenfelser Land, die man gesehen haben muss
ISBN 978-3-7408-0118-2

Dorothea Steinbacher
111 Orte im Chiemgau, die man gesehen haben muss
ISBN 978-3-7408-1604-9

Dorothea Steinbacher
111 Orte im Chiemgau und im Rupertiwinkel, die man gesehen haben muss
ISBN 978-3-7408-1654-4

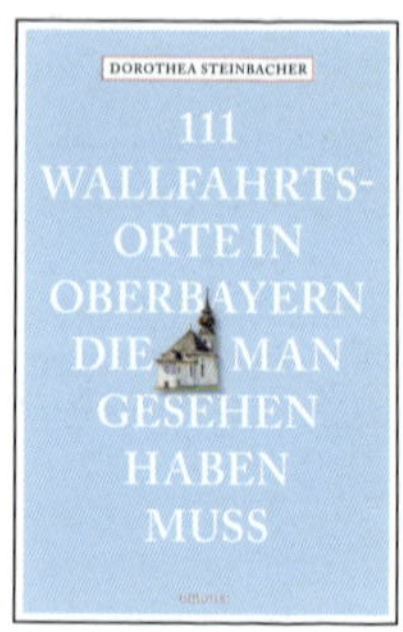

Dorothea Steinbacher
111 Wallfahrtsorte in Oberbayern, die man gesehen haben muss
ISBN 978-3-7408-1284-3

Reiner Vogel
111 Orte in Niederbayern, die man gesehen haben muss
ISBN 978-3-7408-1545-5

Sabine Becht, Sven Talaron
111 Orte in und um Bamberg, die man gesehen haben muss
ISBN 978-3-7408-1186-0

Cornelia Ziegler
111 Orte im Allgäu, die man gesehen haben muss
ISBN 978-3-7408-1278-2

Erwin Ulmer
111 Orte in Ulm um Ulm und um Ulm herum, die man gesehen haben muss
ISBN 978-3-7408-1482-3

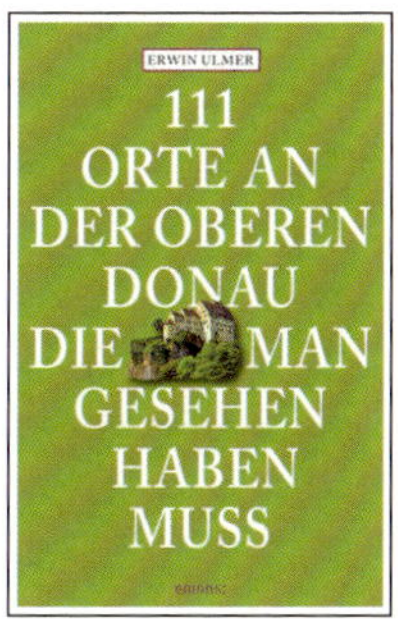

Erwin Ulmer
111 Orte an der oberen Donau, die man gesehen haben muss
ISBN 978-3-95451-494-6

Tim Frühling
111 Orte an Main und Kinzig, die man gesehen haben muss
ISBN 978-3-7408-1345-1

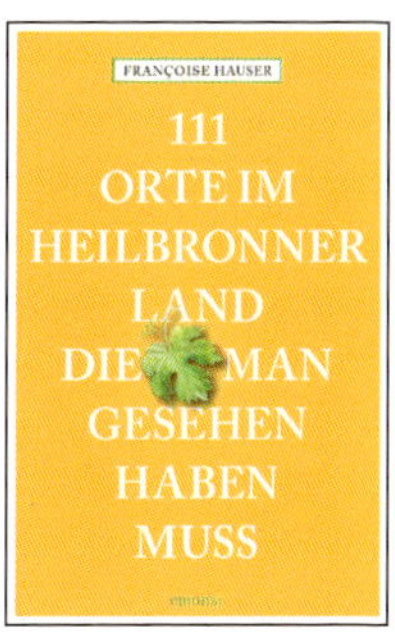

Françoise Hauser
111 Orte im Heilbronner Land, die man gesehen haben muss
ISBN 978-3-95451-842-5

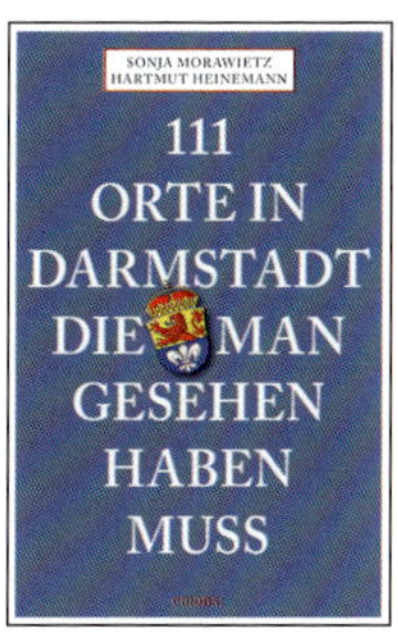

Sonja Morawietz, Hartmut Heinemann
111 Orte in Darmstadt, die man gesehen haben muss
ISBN 978-3-95451-920-0

Anna Köhler
111 Orte in Offenbach, die man gesehen haben muss
ISBN 978-3-7408-0982-9

Sonja Silberhorn war in der Hotellerie tätig, unter anderem auf den Kanaren und in Berlin, bevor sie in ihre Heimatstadt Regensburg zurückkehrte. Heute lebt sie dort mit ihrer Familie und arbeitet als Autorin. Der Oberpfalz hält sie auch literarisch die Treue, seit 2011 erscheinen ihre Krimis bei Emons.